地理がわかれば
世界がわかる!

すごすぎる地理の図鑑

CHIRI NO ZUKAN

監修
日本地理学会

はじめに

地理って、一体何を学ぶのでしょうか？　地名の暗記？　地図を眺める？

いえいえ、地理はもっと奥深いんです。地名を暗記するのではなく、その地名になった理由から、その地域のナゾを考えてみましょう。地図を眺めるだけではなく、そこに描かれている情報を読み取れると、その地域の自然環境、歴史や暮らしぶりがより深く理解できるのです。

世界には、ひとつとして「地理的な条件が同じ場所」はありません。地理を学ぶと、その地域がそうなった理由がわかります。**地理は地域についての謎解き、地域の冒険**なのです。

この本では、いろいろな話題を取り上げて、地域の謎の答えを解き明かしていきます。本を片手に、地域の冒険へ出かけましょう！

・地形などの観察に出かける際は、施設や市町村のルールに従い、周囲の環境や安全に配慮して行動しましょう。
・掲載している情報は2023年3月末現在のものです。
・本書ではほぼすべての漢字に読みがな（ルビ）をつけていますが、可読性を優先して一部つけていない部分もあります。

キャラクター紹介

本書では、地理にまつわる
かわいいキャラクターたちが解説してくれます。

コンパス

別名方位磁針。方角は地形理解の第一歩。いまはN極が北を指すのが常識だけど……!?

地球儀せんせい

地球を小さく縮めた球体の地図。正確さが自慢で、特に面積や方位、距離には自信あり。

ダムゥ

川の水があふれたり、逆に水不足になったりしないよう、水の量を調整するよ。

竜神ちゃん

地形を形作る重要な要素である、川の神様。怒らせると氾濫しちゃうかも。

火山くん

噴火するととっても怖い！　でもその裏でいろいろな恵みをもたらしてくれる。

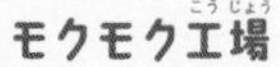

モクモク工場

工業など産業の発展も地理で学べるよ。のこぎり型の屋根がチャームポイント。

電波タワーさん

テレビやラジオ、無線通信の電波を送受信。365日休みなく動き続ける働き者。

CONTENTS

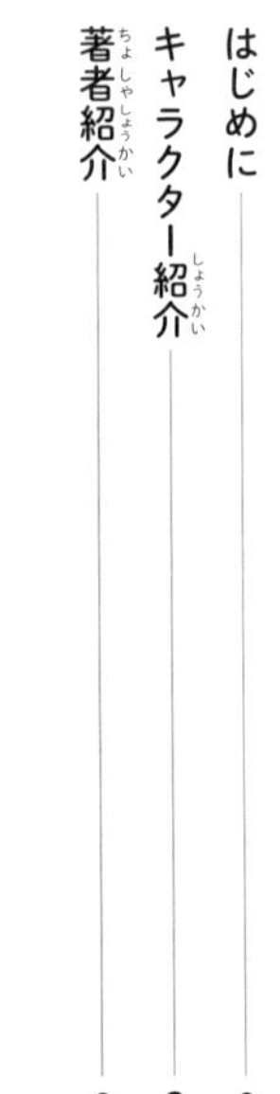

CHAPTER 1 すごすぎる 地図の表現

CHAPTER 2 すごすぎる 地形と自然

CHAPTER 3 すごすぎる 暮らしと地理

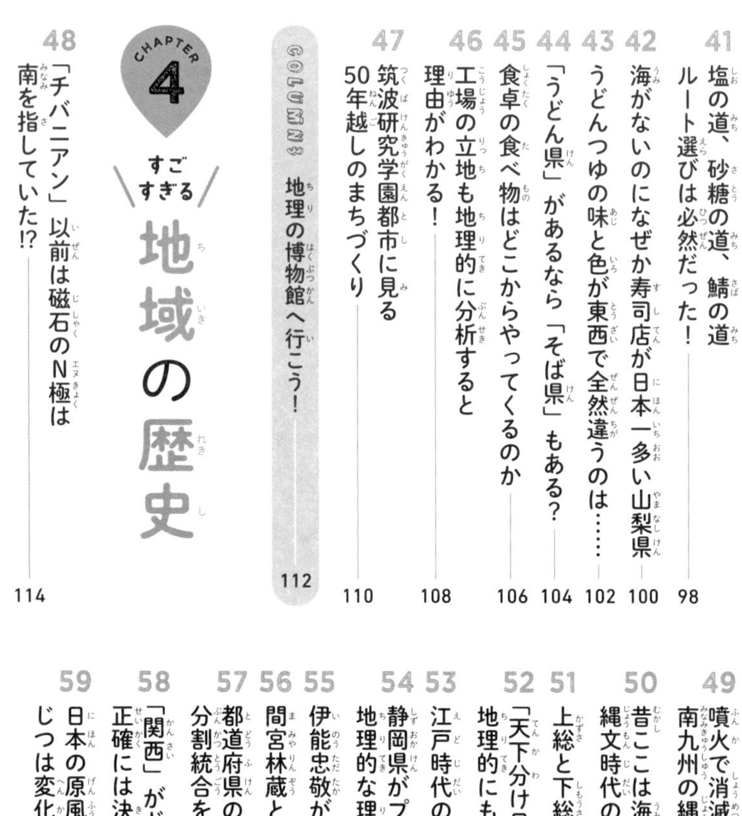

CHAPTER 4 すごすぎる地域の歴史

CHAPTER 5 すごすぎる世界の地理

STAFF
ブックデザイン 八木孝枝
イラスト 辰見育太（オフィスシバチャン）
DTP NOAH
校正 麦秋アートセンター
編集協力 深谷恵美

著者紹介

監修

公益社団法人　日本地理学会

編著

山本 健太
國學院大學経済学部 教授
日本地理学会企画専門委員会委員

1981年静岡県生まれ。博士（理学、東北大学）。経済地理学、都市地理学が専門。地域の文化と産業が主な研究テーマ。主な著書に『ライブパフォーマンスと地域　伝統・芸術・大衆文化』（共編著・ナカニシヤ出版）などがある。

長谷川 直子
お茶の水女子大学
基幹研究院 准教授
日本地理学会企画専門委員会委員

1974年長野県生まれ。博士（理学、お茶の水女子大学）。自然地理学が専門。主な著書に『今こそ学ぼう地理の基本』（共編著・山川出版社）、監修に『発見しよう！つくってみよう！まちの地図 全3巻』（監修・河出書房新社）などがある。

執筆

宇根 寛
明治大学、早稲田大学他 非常勤講師
日本地理学会企画専門委員会副委員長

1958年東京都生まれ。東京大学理学部地理学教室卒業。地形学、地図学が専門。1981 ～ 2019年の間、国土地理院に勤務。測量士、専門地域調査士。主な著書に『地図づくりの現在形　地球を測り、図を描く』（講談社）などがある。

平野 淳平
帝京大学文学部 准教授
日本地理学会企画専門委員会委員

1981年福岡県生まれ。博士（理学、首都大学東京）。自然地理学、気候学が専門。文書記録による歴史時代の気候復元が主な研究テーマ。主な著書に『気候変動から読みなおす日本史（3）古気候の復元と年代論の構築 』（分担執筆・臨川書店）などがある。

矢野 桂司
立命館大学文学部 教授
日本地理学会企画専門委員会委員長

1961年兵庫県生まれ。東京都立大学大学院理学研究科博士課程中退。博士（理学）。人文地理学、地理情報科学が専門。主な著書に『GIS: 地理情報システム』（創元社）、『京都の歴史GIS』（共編著・ナカニシヤ出版）などがある。

秋山 千亜紀
大東建託株式会社
賃貸未来研究所 主任研究員
日本地理学会企画専門委員会委員

1982年三重県生まれ。筑波大学大学院生命環境科学研究科修了。博士（理学）。空間情報科学が専門。主な研究テーマは土地利用や人口分布。著書に『地理空間情報を活かす授業のためのGIS教材改訂版』（分担執筆・古今書院）などがある。

宋 苑瑞
早稲田大学他 非常勤講師
東京大学空間情報科学研究センター客員研究員
日本地理学会企画専門委員会委員

1977年アメリカ・ロサンゼルス生まれ、韓国・ソウル出身。日本政府国費留学生として来日。筑波大学大学院生命環境科学研究科修了。博士（理学）。自然地理学、環境地理学が専門。日本学術振興会外国人特別研究員などを経て現職。

CHAPTER 1

すごすぎる地図の表現

地理といえばまず「地図」を想像する人も
多いのではないでしょうか？
ひと口に地図といっても、伝えられる情報や表示方法はさまざまです。
この章では、地図からどのようなことを読み取れるか、
詳しく見ていきましょう！

そもそも「地図」ってなんだろう？

みなさんは地図と聞いて、まず何を思い浮かべますか？　スマホの地図、街中で見る案内板、それとも日本が中心にある世界地図でしょうか。

地図は、自分のいる場所や行きたい場所を正しく知るのに役立つものです。例えば、遊園地の地図では目当てのアトラクションの場所がわかり、どんな順番で回ればよいか考える手助けをしてくれます。

また、建物内の案内用といった狭い範囲のものから、都市、全世界など、さまざまな**縮尺**（スケール）の地図があります。限られたスペースに対象地域を縮めて収めるためのルールが縮尺です。スマホやパソコン上の地図では自由に縮尺を変えて、建物ひとつひとつから地球全体までをつぎ目なく見ることもできます。また、地図には**方位**が示されており、北が上になるのが一般的です。

地図さえあれば、移動する際の距離や移動手段、方向がわかり、初めての場所でも迷わず移動することができるのです。

こんなのもある!?　地図のいろいろ

▲富士山の立体模型ハガキ。これも地図。

▲駅の周辺案内板。

▲フラ・マウロの世界図は、15世紀ヨーロッパで作成された世界地図のひとつ。当時は距離や面積を正確に測ることができなかったので、いまの大陸のかたちとはかなり異なっている。アメリカ大陸はまだ未発見で、南が上になっている。

この他にも
どんな地図があるか、
身の回りを探してみよう!

▼タブレット上で表示させたオンラインの地図。

▲手描きの地図でも情報が整理されていると見やすい。

▲イタリアの地図柄のキッチンクロス。

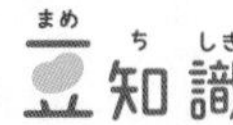

豆知識

地図の歴史は文字よりも古いといわれ、北イタリアの岩壁に村の様子を描いた岩絵地図（紀元前1500年頃）や、古代バビロニアなどの都市で発見された粘土板に描かれた地図（紀元前700年頃）などがあります。

伝えたいことで変わる地図の表現

ひと口に地図といっても、つくり手の意図や用途によって載せる情報や表示方法はいろいろです。その種類を見てみましょう。

基本の地図は、地域の様子をまんべんなく描いたもので、一般図と呼ばれます。例えば、地図を作成する国の機関である国土地理院が作成した地形図は、典型的な一般図です。そこには土地の起伏が等高線を用いて描かれ、海岸線や河川、行政区画、地名などが正確に示されています。

ハザードマップ（P78）など、特定のテーマに沿ってつくった地図は主題図と呼ばれます。主題図の中には、じつは方位や距離がめちゃくちゃなものもあります。鉄道の路線図では、乗車駅から目的の下車駅までのルートを確認できますよね。駅のつながりは正しく描かれていますが、駅間の距離や駅の位置関係などは不正確。これを正確に描こうとしたら、逆に見づらい地図になるからです。目的によって、表示するものの優先順位が変わるのですね。

主題図は伝えたい目的によって描き方が変わる！

都道府県の人口を表した地図

人口の大小を伝えることを目的にした主題図。表現方法はさまざまだ。

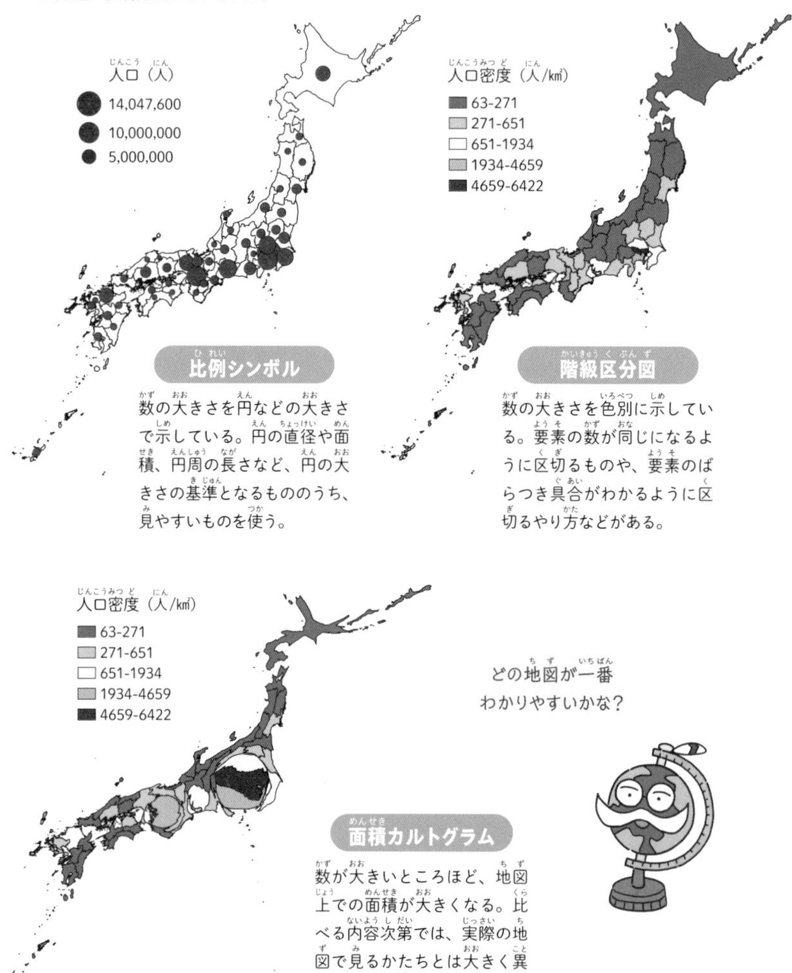

比例シンボル

数の大きさを円などの大きさで示している。円の直径や面積、円周の長さなど、円の大きさの基準となるもののうち、見やすいものを使う。

階級区分図

数の大きさを色別に示している。要素の数が同じになるように区切るものや、要素のばらつき具合がわかるように区切るやり方などがある。

面積カルトグラム

数が大きいところほど、地図上での面積が大きくなる。比べる内容次第では、実際の地図で見るかたちとは大きく異なった見た目になる。

豆知識

国土地理院では、日本を３枚の地図でカバーする100万分の１全国図を小縮尺、１万分の１から５万分の１の一般的な地形図を中縮尺、建物の形がわかる2,500分の１の国土基本図などを大縮尺の地図と呼んでいます。

頭の中の地図を描いてみよう

家から学校やよく行くお店までの道のりを紙に描いてみましょう。描きあがった地図と実際の地図を比べてみると、特定の場所を誇張して大きく描いたり、建物の順番が異なったり、どこかが歪んだりしていませんか？　**頭の中の地図**は、人が成長し、行動範囲が広がるとともに広く、詳しくなっていくといわれています。

左ページの2枚の地図は、幼稚園年長と小学3年生の子どもがそれぞれ自宅から幼稚園・学校までの道のりを描いたものです。

まだ行動範囲の狭い幼稚園児は、通園路しか描いていません。お母さんの運転する車で通園するため、信号機のある交差点には「とまれ」の文字が目立ちます。

一方、最近自転車で行動しはじめた小学生の地図には、通学路から少し外れたところの友人の家や公共施設があり、横断歩道や川、自動車など、注意しなければならないものが強調して描かれています。

人がどのように空間を認識するのかというのも地理学の重要な研究テーマです。

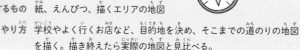

実際に地図を描いてみるとどうなる？

家族や友達と一緒に描いて見比べるのもおもしろいね

やってみよう！ 頭の中の地図を描いてみよう

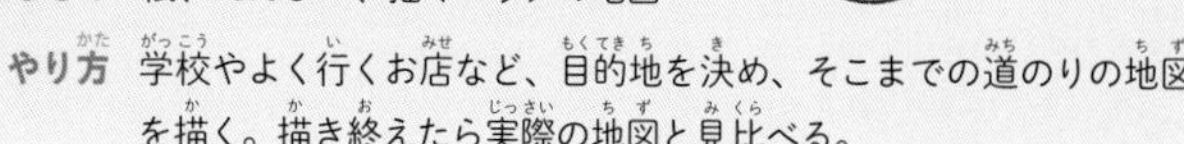

用意するもの 紙、えんぴつ、描くエリアの地図

やり方 学校やよく行くお店など、目的地を決め、そこまでの道のりの地図を描く。描き終えたら実際の地図と見比べる。

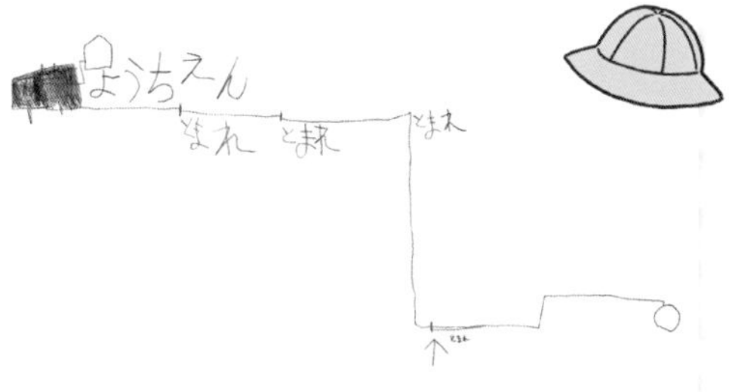

幼稚園児が描いた幼稚園までの地図

幼稚園までの道のりがごく単純な線で描かれている。車が停まる場所が印象深く記憶されていることがわかる。

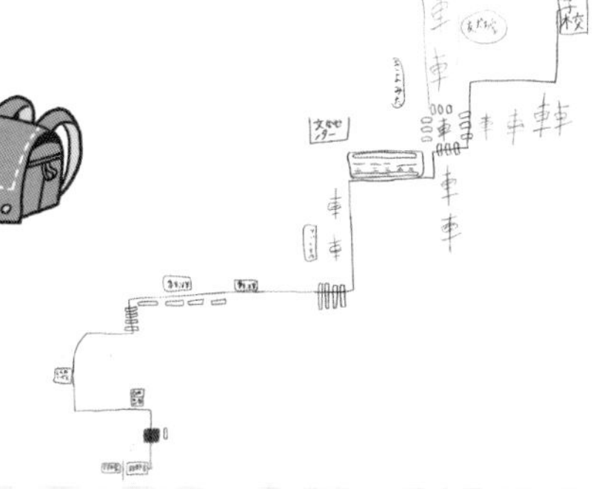

小学3年生が描いた学校までの地図

幼稚園児の地図よりも道のりそのものが複雑になっている。また、周辺の施設や交通状況も記憶に残っている。

PICK UP アンカー・ポイント理論

見知らぬ土地に引っ越してきた人は、まず最初に自分の生活の拠点となる自宅やお店、職場や学校などの場所と、そこに行くための道を覚える。第２段階は、そのような場所の周りにある施設や道路を覚える。少しずつ行動範囲が広がっていくと第３段階で、新しい拠点とそこへの道を覚える。このように人の頭の中の地図がだんだん詳細になっていくという考え方をアンカー・ポイント理論という。

豆知識

人がどのように地図を描き、道を選んで移動できるのかは、古くからの難問でした。2014年のノーベル生理学・医学賞では脳内に空間認識に関する働きをもつ細胞を発見したことが評価されました。

地図のつくり方をのぞいてみよう

地図はどうやってつくられるのでしょうか。たいていの地図は、もとになる（基本となる）地図に情報を加えたり強調したりして、伝えたい情報をわかりやすくしてつくられます。日本では、そのもとになる正確な地図を国土地理院がつくっています。

正確な地図をつくるためには、その場所の地球上の正確な位置（緯度・経度）を計測する必要があります（P28）。あらかじめ位置を計測しておいた地点（基準とする場所）の周りに目印をつけて、飛行機から地上の写真（航空写真）を撮影します。

その写真を図化機という機械にかけて、写真を立体的に観察しながら、高さが同じ場所をなぞっていくのです。これを、私たちの目に見える形にしたものが、もとになる地図です。

日本の国土すべての地域を縮小して描いた2万5千分の1地形図は、あらゆる地図の基本となる一般図で、主な道路や鉄道は常に最新の状態に更新されています。

地図ができるまで

実際に国土地理院で地図をつくる様子を見てみましょう！

① 航空写真を撮る

地図をつくるための航空写真の撮影の様子。床に穴が開いた専用の測量用飛行機（P112）に、カメラのレンズを地上に向けて設置。立体的に観察するために撮影範囲を60%ずつ重ねて撮影していく。

② 写真に写っているものを図に描く

隣り合う2枚の航空写真をセットして、作業者は双眼鏡のようなところから写真を立体的に観察。ハンドルを操作して航空写真に写っている建物や道路などをなぞって地図を作成していく。

③ デジタル地図のデータをつくる

現在では②の代わりにコンピュータを使った図化機でデジタルの地図がつくられているが、作業者が航空写真を立体的に観測し、ハンドルを操作して写真をなぞっていくことは変わっていない。

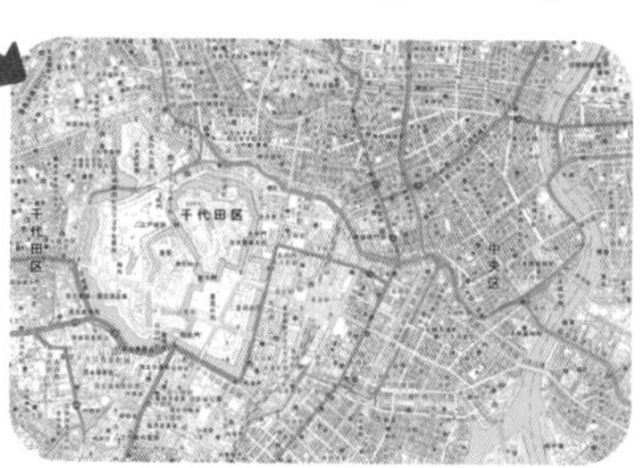

④ 完成！

国土地理院の2万5千分の１地形図。国がつくる最も基本の地図で、いろいろな地図のもととなるほか、街づくり、防災、登山など、さまざまな目的で活躍する万能選手。

目的別に縮尺を変える

20万分の1地勢図などは、2万5千分の１地形図のデータを縮小し、編集してつくられている。地域全体を見渡すのに適した地図で、道路地図などに使われている。

豆知識

国土地理院は国土交通省に属する国の機関。日本の正確な位置を計測するほか、国土の範囲を示したり、国土の様子を写真や地図で表したり、災害に備える情報を提供するなどの役割があり、約650人の職員がいます。

知ってるようで知らない地図記号のひみつ

小

学校の社会の授業で出てくる地図記号。一体なんのためにあるのでしょうか？　それは、地表のさまざまなものを、一定のきまりで分類し、わかりやすく示すためです。2万5千分の1地形図など、全国をカバーする地図については、原則すべての地図に同じ地図記号が使われています。地図記号自体は、時代に伴って変化していて、新たに生まれるものもあります。

例えば、2019年には、自然災害伝承碑の地図記号が新たに定められました。自然災害伝承碑は、災害の教訓を後世に伝えようと先人たちが残した石碑やモニュメントのことで、2018年の西日本豪雨をきっかけに地図記号がつくられました。

一方で、役目を終えた地図記号もあります。例えば、蚕を育てて絹糸をとるために栽培される桑畑の記号は、蚕を育てる農家がほとんどなくなったため、廃止されました。

地図記号の由来を知れば、地図をいまよりもっと楽しめますよ。

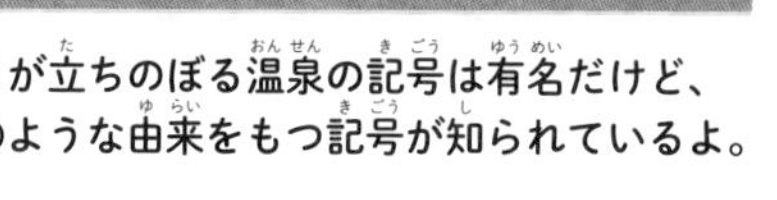

日本の地図記号の由来っておもしろい!

地図記号は江戸時代以前の古地図でもすでに使われていたよ

湯船から湯けむりが立ちのぼる温泉の記号は有名だけど、ほかにも下の例のような由来をもつ記号が知られているよ。

消防署

火事のときに使われていた刺股の形を記号にしたもの。かつてはこのような道具で建物などを壊して延焼を食い止めた。

交番

昔の警察官が持っていた長い警棒（六尺棒）を斜めに交差させたかたちを記号にしたもの。

税務署

昔はそろばんを使って税金の計算をしていたため、そろばんの珠と軸のかたちが元になっている。

裁判所

昔、裁判所が裁判の内容などを立て札（高札）で知らせていたことから、立て札のかたちが記号になったもの。

郵便局

明治の頃、郵便局を管轄する国の機関が逓信省であったことから、そのカタカナでの頭文字「テ」が元になっている。

官公署

個別の記号が定められていない国の機関や外国の大使館など。地図記号は漢字の「公」の古字を記号にしたもの。

PICK UP 自然災害伝承碑

過去に発生した津波、洪水、火山災害、土砂災害などの自然災害の様子を後世に伝えるために残されている石碑やモニュメントのこと。

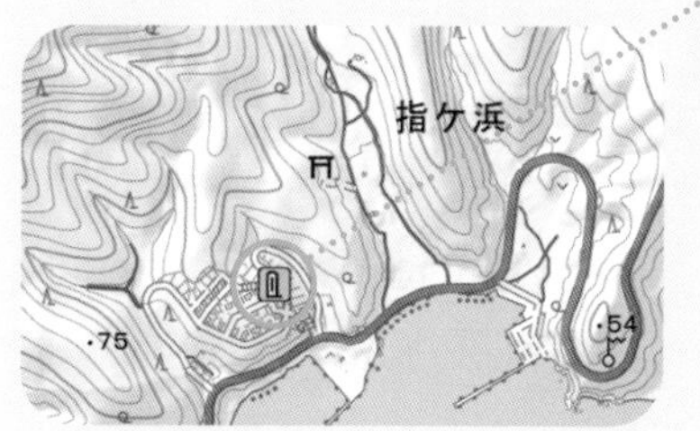

東日本大震災の自然災害伝承碑

被害の大きかった宮城県女川町にある「女川いのちの石碑」は自然災害伝承碑のひとつで、震災後に高台に移転した集落の中にある。石碑の後ろに見える海沿いにもとの集落があった。

豆知識

いったんなくなった地図記号が復活することも。例えば、送電線や発電所の記号は、セキュリティの観点から廃止されましたが、山歩きなどで重要な目印になることから要望が出され、現在では復活しています。

地図記号は国によってかたちが全然違う！

国土地理院が現在2万5千分の1地形図で使っている地図記号は、全部で134種類あります。もし地図記号がなかったら、地図は文字だらけのごちゃごちゃしたものになってしまうでしょう。

じつは、**地図記号は国ごとにまったく違います**。日本は海外に比べてかなり記号の数が多く、明治から大正にかけて使われていたものはなんと300種類以上！　記号のかたちも独特で、日本語の表記に由来する記号は日本語を使う人しか思いつかないでしょうし、鳥居を示す神社の記号や、火消しが使っていた「刺股」がもとになった消防署の記号なども日本の文化を知らないと理解できないことでしょう。

一方、欧米諸国の地図では、教会の記号が細かく分類・表示されていますが、学校は記号ではなく、文字でそのまま、学校を意味する「school」などと書いてある場合が多いようです。

地図記号には、それぞれの国の文化や生活様式が詰め込まれているのです。

ひと目でわかる記号の力ってすごい！

ゴチャッ！

文字だけで表現した地図

建物などが混み合っているところや、文字数が多いところは文字が重なって読みにくい。また、国道や県道がどの道を指すのかもわかりにくい。

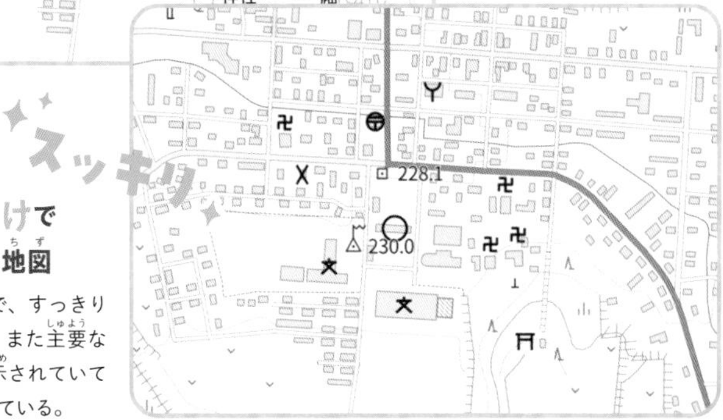

スッキリ

記号だけで表現した地図

記号になることで、すっきりと見やすくなる。また主要な道路などは色で示されていてわかりやすくなっている。

PICK UP 欧米の地図記号

国によって地図記号もさまざま。その国の文化や風習が色濃く反映されます。日本の現在の地形図に教会の地図記号はありませんが、教会の多い欧米では複数の地図記号があることも！

国によって地図記号にも特色があるんだね

イギリスの教会の地図記号

（左から）塔のある礼拝所／尖塔、ミナレットまたはドームのある礼拝所／付加物がない礼拝所の3種類。

フランスの教会の地図記号

（左から）教会／チャペル／礼拝堂／小礼拝堂／十字架像の5種類。

豆知識

地図記号は、通常は国土地理院が決定しますが、2006年に定められた「風車」と「老人ホーム」の地図記号は、全国の小学生からデザインを募集して決められました。みなさんも新しい地図記号を考えてみませんか？

どれだけわかるかな？

2万5千分の1地形図の地図記号を全部紹介！
どれもうまく表現されているね。

基準点

電子基準点

三角点・地殻変動観測点

水準点

標高点

− 156 −
水面標高

• 217
水深

河川、湖沼及び海

1条河川

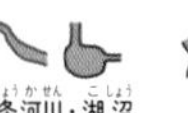
2条河川・湖沼

海岸線

流水方向

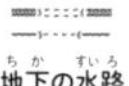
地下の水路

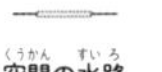
空間の水路

かれ川

水上・海上交通

道路

真幅道路

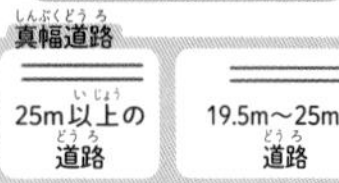
25m以上の道路

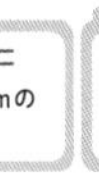
19.5m～25mの道路

記号道路

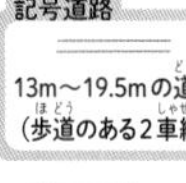
13m～19.5mの道路（歩道のある2車線）

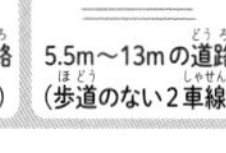
5.5m～13mの道路（歩道のない2車線）

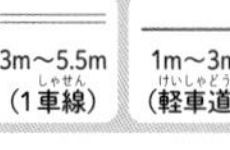
3m～5.5m（1車線）

1m～3m（軽車道）

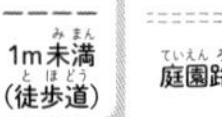
1m未満（徒歩道）

庭園路

石段

雪覆い等

国道番号

有料道路

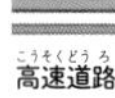
分離帯

高速道路

国道

都道府県道

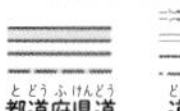
道路橋

トンネル

鉄道

普通鉄道

ＪＲ線（複線以上）

ＪＲ線以外（複線以上）

ＪＲ線（単線）

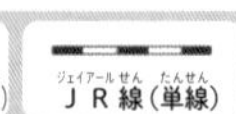
ＪＲ線以外（単線）

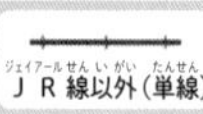
地下鉄及び地下式鉄道

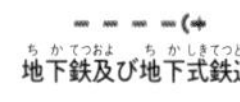
特殊鉄道

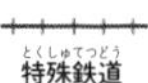
路面の鉄道

索道（リフト等）

駅（ＪＲ線）

駅（ＪＲ線以外）

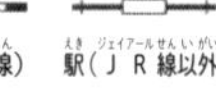
建設中又は運行休止中の鉄道（ＪＲ線）

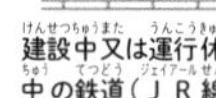
建設中又は運行休止中の鉄道（ＪＲ線以外）

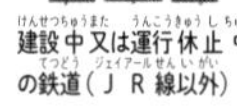

鉄道橋（高架部）

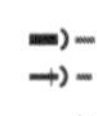
トンネル

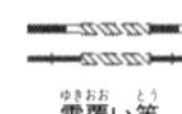
雪覆い等

側線

駅（特殊鉄道・索道・路面の鉄道）

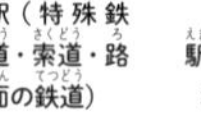

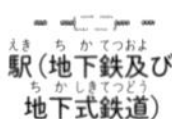
駅（地下鉄及び地下式鉄道）

建物

官公署

裁判所

税務署

消防署

保健所

警察署

交番

郵便局

小・中学校

高等学校

病院

博物館

図書館

老人ホーム

神社

寺院

普通建物

堅ろう建物

高層建物

無壁舎

指示点

市役所
特別区の区役所

町村役場
政令指定都市の区役所

地図記号134種類、

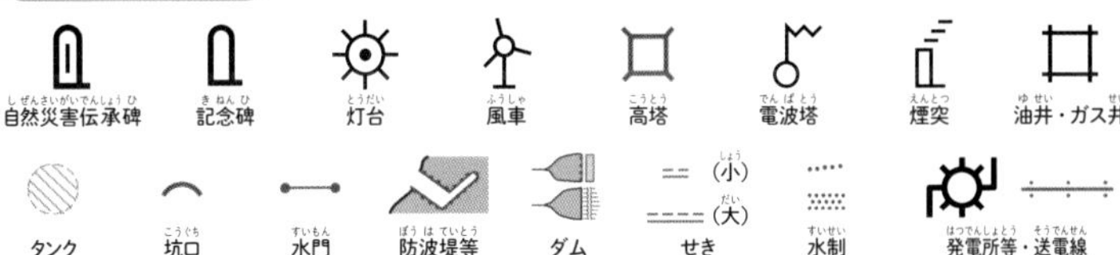

植生

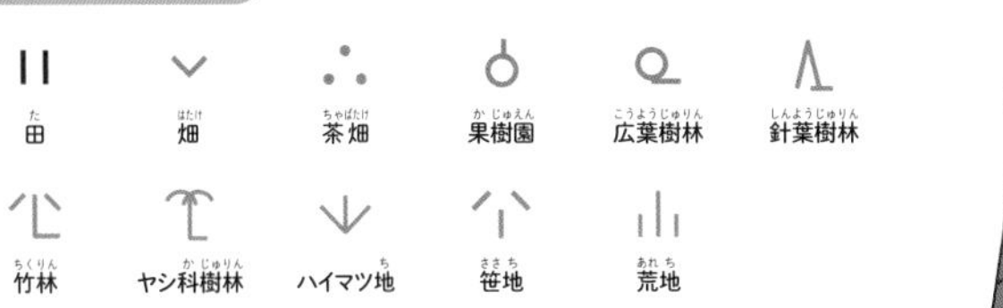

私の記号はどれかな?

特定地区

陸部の地形

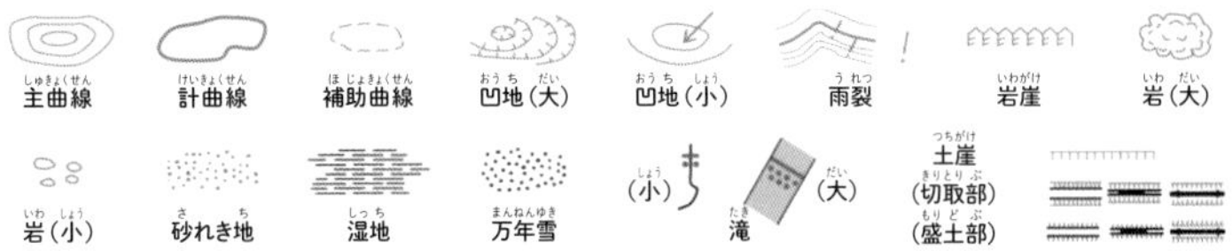

水部の地形

行政界

都府県界　北海道総合振興局・振興局界　市区町村界　所属界

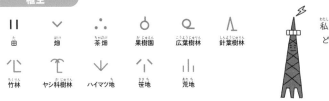

※このページでは現在の国土地理院の地図で用いられる地図記号を紹介しています

等高線から土地の凹凸をイメージしよう

地図は紙やスマホの画面で見られますね。ただ紙や画面は平らですが、実際の地形は凸凹しています。どうやったら地形の凹凸を伝えられるのでしょうか。

地形図などでは、等高線を使い、土地の凹凸を地図上に表現しています。等高線とは、**東京湾の平均海面の高さを０ｍとし**て、そこから一定の高さごとに地表面をなぞった線のことです。

地形図の等高線から地形を読むポイントは以下の通りです。

①ところどころに記入してある標高の数値を見てどこが高いかのおおまかな傾向をつかむ。②等高線が小さい丸を描いている場所を探す。このような場所はたいてい山頂。③山頂から見て等高線の先が丸く張り出しているところが尾根、逆に山頂に向けて矢印の先が向いているように見えるところが谷。④等高線の間隔で傾斜の様子をつかむ。間隔が狭いところは急で、広いほど緩やか。断面図をつくってみると、土地の凹凸のおおまかな様子がわかります。

地形図を読む達人になって、山をもっと楽しもう！

等高線から地形を読む方法

等高線が小さく丸く閉じているところが山頂。尾根は山頂から外に向かってU字形に張り出しているところ、谷は山頂方向に鋭く矢印の先のように向いているところ。等高線の幅が広いとなだらかで、狭いと急であることがわかる。

やってみよう！ 等高線から断面図をつくる

用意するもの

等高線の入った地図、えんぴつ、定規

やり方

1. 断面図をつくりたいところに水平に直線を引く
2. ❶の直線に平行になるよう標高を示した線を等間隔に引く
3. 直線と等高線が重なるところから真下に点線を引き、直線と交わったところに○を付ける
4. ○をつなげると、断面図が完成！

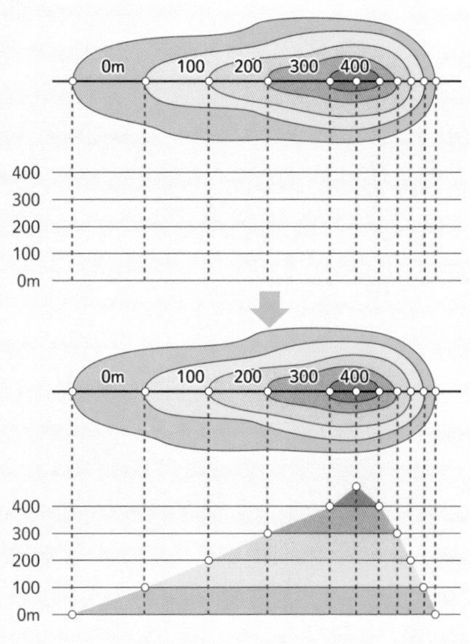

豆知識

等高線の間隔は地図の縮尺ごとに決まっています。国土地理院の地図では、2万5千分の1では10mごと、5万分の1では20mごと、20万分の1では100mごとに基本の等高線が描かれています。

飛び出す3Dの地図を見てみよう！

3D映画を見たことはありますか？　特殊なめがねをかけて見ると自分がスクリーンの中に飛び込んだような感覚になりますよね。同じように、地形の凹凸が地図から飛び出して見える地図があるんです！

左目側に赤、右目側に青のフィルムが貼ってあるめがねをつくって、左下の図を見てみましょう。富士山が飛び出して見えませんか？　このように地図に処理をして、特別なめがねをかけて地表の凹凸を観察する方法を**アナグリフ**といいます。**地理院地図**（P27豆知識参照）では、アナグリフで地形が飛び出す地図が見られます。

もうひとつ地図を立体的に見る方法があります。Google Earthや地理院地図3Dでは、まるで自分が鳥になって地図の上を飛び回っているような視点で見ることができます（**鳥瞰図**）。パソコンのマウスやタブレットのタッチ操作で地図を回して、見る方向や見下ろす角度を変えてみると、平面の地図から地形が飛び出して見えるのでおもしろいですよ。

地図を立体的に楽しもう

地理院地図３Ｄで富士山付近を見る

地理院地図３Ｄで富士山を斜め上から見たところ。マウスを使って、地図をぐるぐる回したり見下ろす方向を変えたりして、鳥になった気分で富士山の上を自由に飛び回ることができる。山腹に開いた大きな火口などがはっきり見える。

スマホでわかる断面図

スマホを使って地理院地図で避難ルートの断面図を描いたところ。急な坂道はどこか、どれくらい続くのかが一目でわかる。

やってみよう！ 赤青めがねをつくる

用意するもの

厚紙、セロハン（赤色、青色）、テープ、はさみ

やり方

厚紙をめがねのかたちに切り抜き、左目で見るところに赤色、右目で見るところに青色のセロハンを貼りつける。

赤青めがねで見てみると

写真は富士山周辺のアナグリフ。赤青めがねをつけて見ると山が飛び出して見える。

「地理院地図」で検索し、地図メニューから「標高・土地の凹凸」→「アナグリフ（グレー）」で日本全国どこの地域でも見ることができる。

左右逆の色のめがねでは凹凸が逆になる

豆知識

地理院地図は、国土地理院が提供しているインターネット上の地図です。だれでも無料で使うことができ、パソコンやタブレット、スマホでも見ることができます。

緯度と経度は地球上の住所！

地球という球体の上で自分の居場所を世界中の人が共通で正確に理解できるのが**緯度**と**経度**です。緯度は、地球を縦方向に輪切りにしてその断面（円）を見たとき、その円の中心から、**赤道を0度**、**北極を北緯90度**、**南極を南緯90度**とした角度です。経度は、地球を赤道で上下2つに割ってできる円を真上から見て、その中心から**イギリスのグリニッジ天文台を通る線を0度**としたもの。東に180度まで測った角度が**東経**、西に180度まで測った角度が**西経**です。地球は正確な球ではなく、地球の自転の遠心力により、中心から赤道までの半径が北極、南極を通る半径よりわずかに長くなっているのです。

正確な緯度と経度を求めるために行われたのが**三角測量**です。角度を精密に測ることで、三角点の緯度や経度を測定する方法です。昔は経緯儀という、望遠鏡と角度の目盛板を組み合わせた器械を使って、遠く離れた点の間の角度を精密に測り、計算によって緯度・経度を求めていました。

緯度と経度はどうやって決まる？

日本の位置を緯度と経度で表すとどうなる？

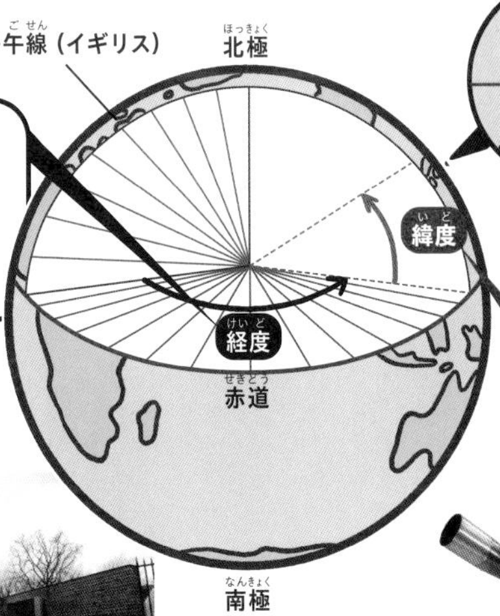

グリニッジ子午線（イギリス）

北極

グリニッジ子午線を0度として**東を東経180度まで西を西経180度まで**表すのが **経度**

日本経緯度原点（東京都港区）
東経139度44分28秒8869
北緯35度39分29秒1572

緯度

経度

赤道

赤道を0度として**北極を北緯90度南極を南緯90度**で表すのが **緯度**

南極

グリニッジ天文台はイギリスのロンドン郊外にある。

明治時代に使われていた経緯儀。ドイツから輸入されたもの。

＼三角点と水準点大集合！／

三角点は地球上の位置を、水準点は高さを正確に示す点。三角点は上面の十字の交点の経度と緯度が正確に記録され、水準点は上面の小さな丸い突起の上にものさし（標尺）を載せて高さを精密に測量する。

▲一等三角点。

▲二等三角点。

▲日本経緯度原点。

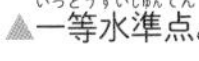

▲一等水準点。

◀水準点の中にはマンホールのようなふたで保護されているものもある。

▲日本水準原点。

豆知識

明治時代の陸地測量部（国土地理院の前身）の測量技師たちは、全国の山に三角点を設置しました。重たい花崗岩や精密器械を山に持ち込む技師を描いた小説『劔岳〈点の記〉』（文藝春秋）から、その苦労が伝わります。

アメリカは日本の真東にある……わけではない!?

日本の仙台（宮城県）とほぼ同緯度にある、アメリカ合衆国のサンフランシスコ。ということは、サンフランシスコは仙台の真東にあるのでしょうか？

地球儀の上で、仙台とサンフランシスコの場所にひもをあて、ピンと張ってみましょう。ひもは仙台から北東に向かい、アリューシャン列島の近くを通ってサンフランシスコに到達します。つまり、サンフランシスコは仙台の北東にあたるのです。

地球上の同じ緯度の地点を結ぶ線は東西を表すわけではありません。このような誤解が生まれる原因は、ふだん目にする世界地図の多くが、緯線と赤道が平行に横に引かれる方法でつくられているからです。

地球はほぼ球体です。これを平面の地図にするためには、ある部分を引き延ばしたり、引き裂いたりしなければなりません。その方法を、**地図投影法**といいます。かたち、大きさ、方角など、何を重視するかによってさまざまな地図投影法があり、地図の使い道によって使い分けられます。

目的によって地図の表現方法もいろいろ

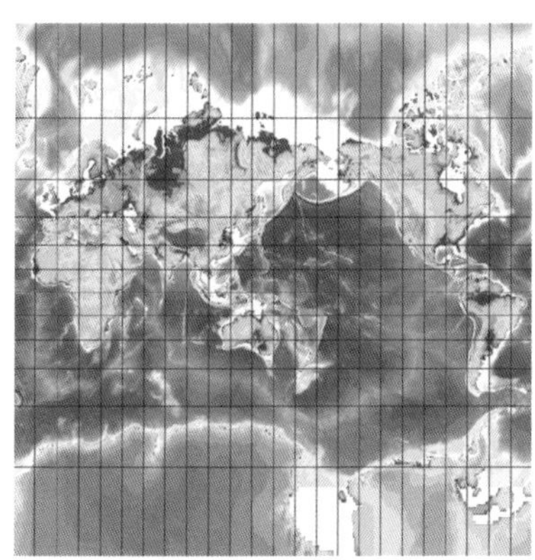

正距方位図法（東京中心）

中心点からの方角は正しいが、端の方のかたちがゆがんでしまう。

メルカトル図法

緯度と経度は一目瞭然。高緯度になると面積が広く見えてしまう。

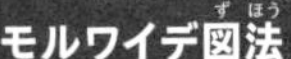

モルワイデ図法

どの地域も面積は正しく表示されるが、端の方のかたちがゆがんでしまう。

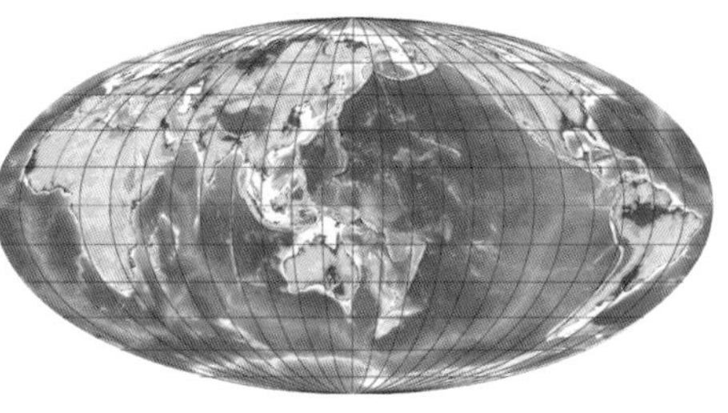

サンフランシスコまでの最短ルート
緯線　至サンフランシスコ
真東　至サンチャゴ

仙台を中心とした正距方位図法

方位が正確に表される地図（正距方位図法）で仙台から真東の方向を示した。進むにつれて緯線と離れ、やがて南米チリのサンチャゴに到達する。つまり仙台の真東はサンフランシスコではなくサンチャゴ。

豆知識

インターネット上の地図でよく使われているのは、メルカトル図法です。狭い範囲であれば地表のかたちがほぼそのまま表現できますが、緯度が高い地域は実際より大きく拡大されてしまうという欠点があります。

GPSで自分の場所が正確にわかるワケ

カーナビやスマホの地図は、周辺の地図を表示し、そのなかで自動的に自分のいる場所を示してくれます。これらの機器にはGPS受信機という、約2万kmの彼方にある**人工衛星から発せられる電波を受信する装置が組み込まれ、みなさんの位置を計測してくれるのです。**

GPSはアメリカ政府が開発、運用しているシステム。同様のものは各国で開発、運用されており、日本も「みちびき」を打ち上げています。これらをあわせてGNSSといいます。GNSS衛星からは、位置を計測するのに必要な情報が常に発信されています。受信機側では複数の衛星からの信号を受信することで、受信した場所の緯度、経度が正確に計測されます。屋内や地下では携帯電話のアンテナ基地局やWi-Fiスポットなども使われていて、その誤差は10m程度。測量などさらに正確な測定が必要な場合には、2台の受信機でGNSS衛星の信号を同時に受信することで、誤差を最小で数mmに抑えることができます。

GNSS衛星のおかげで生活は便利になった

GPS衛星の軌道（イメージ）

GNSSは各国が開発・運用している。GPSはアメリカが運用しているGNSSで、高度およそ2万kmの6つの軌道にそれぞれ4個ずつ、予備も含めるとおよそ30個のGPS衛星が、常時電波を発信しながら地球のまわりを回っている。

GNSSのしくみ

複数の人工衛星からの信号を受信することで、受信した場所の緯度、経度、高さが計測される。

GNSS受信機1台（単独測位）のスマホでも、誤差10mくらいとかなり正確！ 2台以上の受信機（相対測位）の測量では、誤差はなんと数mmに抑えられているよ！

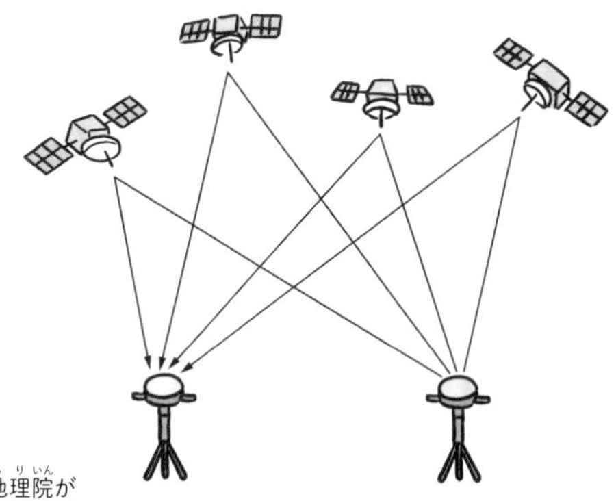

電子基準点

日本では、国土地理院がGNSS衛星の信号を常時受信して地表の変化を監視する施設（電子基準点）を、全国におよそ1,300点設置。地震の予測などに役立てている。写真は東京の国会議事堂の前にある電子基準点。

電子基準点にはアンテナやGNSS受信機、通信装置などが内蔵されていて、地面の動きを常時観測しているんだって

豆知識

大きな地震が発生すると、地面の位置が大きく動くことがあります。2011年の東北地方太平洋沖地震では、東北地方の太平洋沿岸が最大で5m以上東に移動したことが、電子基準点による観測でわかりました。

富士山が見える一番遠い場所を探せ！

日本一高い山、富士山（P52）は、昔から人々の信仰の対象でした。日本全国で、富士山に似たかたちの山は、●●富士と呼ばれ、蝦夷富士（羊蹄山／北海道）、出羽富士（鳥海山／秋田・山形県）、出雲富士（大山／島根県）、薩摩富士（開聞岳／鹿児島県）などがあります。

また、富士山がよく見えることを意味する富士見という地名が全国各地にあります。実際どこまで遠くから富士山を見られるのでしょうか。計算上は、富士山山頂は約２３６km以上離れると地表面が邪魔をして、見えなくなります。しかし、山の上からであれば、もっと遠くからでも見られます。

見る人が立つ標高や周囲の山の高さなどを計算すると、最も遠い場所は３２３km離れた和歌山県南部の色川富士見峠になるといわれています。西端は、京都府と滋賀県の県境あたり、北端は３０８km離れた福島県の花塚山、南端は２７１km離れた八丈島の三原山です。

どこまでなら富士山が見えるのか

標高0mで見られる最遠はA
標高が高くなるとさらに遠くからも

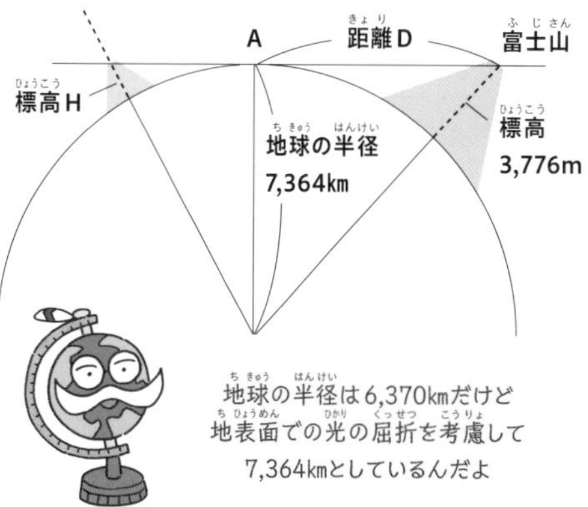

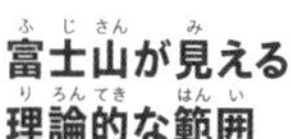

富士山が見える理論的な範囲

富士山が見える地表面から富士山頂までの距離Dは、ピタゴラス（三平方）の定理を用いて計算できる。

D^2＝（地球の半径〈7,364km〉＋富士山の標高〈3,776m〉）^{2}
―（地球の半径〈7,364km〉）^{2}
で、Dは約236kmとなる。

富士山の見える可視領域と「富士見」地名の分布

標高データを用いて、富士山山頂付近を見ることができる場所を赤で示している。これに加えて、地名データベースから「富士見」を含む地名のある場所を●で示している。いまは高層建築物などでさえぎられた場所でも、昔は富士山が見えたはず。

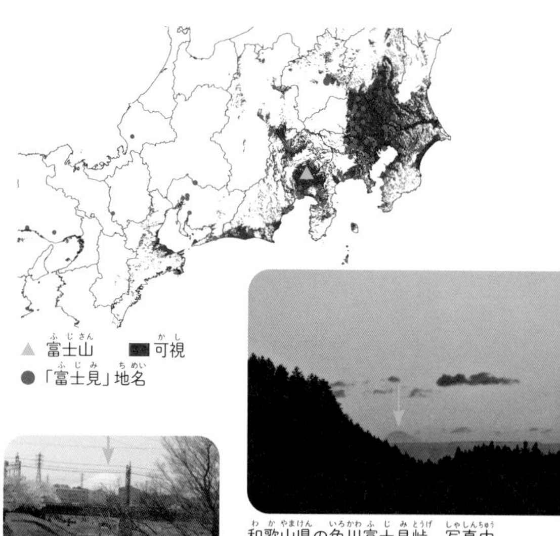

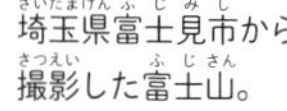
埼玉県富士見市から撮影した富士山。

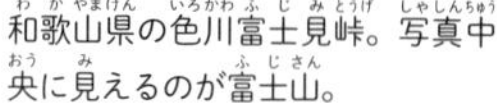
和歌山県の色川富士見峠。写真中央に見えるのが富士山。

豆知識

富士山山頂では明治以降、気象観測が行われていました。1964年には800km先の積乱雲を捉えるドーム型レーダーを設置。気象衛星観測やほかのレーダーの新設により、富士山測候所は2004年に閉鎖しました。

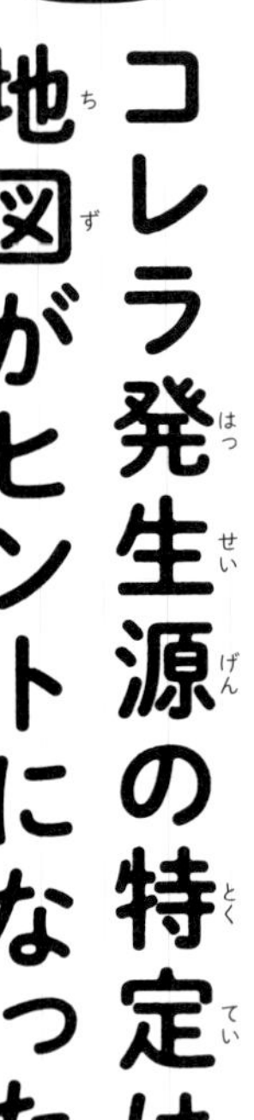

コレラ発生源の特定は地図がヒントになった

日本が幕末だった1854年8月末、人口が急増していたロンドン（イギリス）都心のソーホー地区でコレラが発生し、ブロード・ストリート周辺では、最初の3日間で127人、さらに9月10日までに500人が死亡し、死亡率はソーホー地区全体で12・8％に達しました。

当時は、コレラが細菌による感染症であることがわかっていない時代でした。そのためゴミや汚水を垂れ流した下水の悪臭漂う空気を吸うだけで、コレラに感染すると考えられていました。

そんなとき、医者のジョン・スノウ博士は、病原菌に汚染された水を飲んだ人が感染した可能性を考え、死亡者の出た住居の地図を作成しました。その地域では、毎日の生活水に利用するポンプが約100～200mの間隔で分布しており、その中のひとつの井戸を中心に、死亡者の出た住居があることがわかりました。博士の提案で、問題の井戸はすぐに閉鎖され、その後コレラは終息に向かったのです。

コレラの真犯人を探せ！

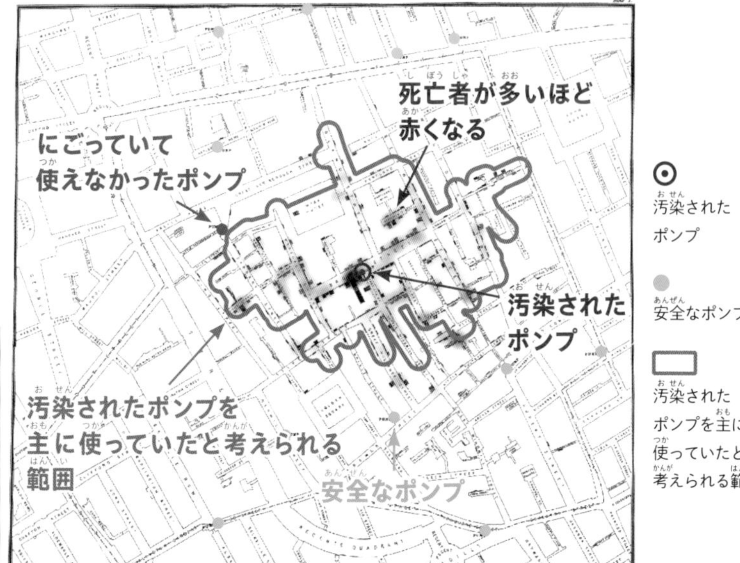

スノウ博士によるコレラ死亡者の地図と汚染されたポンプの利用範囲

赤く色がついているのは死亡者の出たエリア。死亡者が多く出たのは問題のポンプの近隣だった。

人間は水がないと
生きていけないけど、
汚れた水は
命取りになるんだね

汚染されたポンプのあった場所には現在、ポンプのレプリカが置かれている（ブロードウィック通り39）。

豆知識

地理学には「近いものは遠くのものよりも、より関係が深い」という考え方があります。スノウ博士も、死者数が特定のポンプの近くに多く見られたことでコレラの原因を突き止めました。

国境、県境、境界線はどうやって決まる？

国境や県境はどうやって決まっているのでしょうか。地図を眺めると、国や県の境界線はくねくね曲がったり、直線だったりします。**地域を何かの条件で境界線を設けて区分したものを、地域区分**（P133／P144）といいます。国や県も地域区分のひとつです。

高い山や大きな川などの**自然障壁**が境界線になっている例が多くあります（**自然的境界**）。それらは人の移動が困難なため、生活空間も分断され、境界になったのです。

この境界線を境に、人々の生活習慣や言葉などが大きく異なることもあります。

干拓や埋立てなどで新たな土地をつくったり、山を切り開いて開発した地域などの中には、直線的な境界線があります。新しくつくった場所に境界線を引くため、地形ではなく道路の中心線などを目印として、境界線を引きました（**人為的境界**）。境界線をまたいだ人の行き来に苦労しないため、文化や習慣にも違いが見られない場合が多いのです。

いろいろなタイプがある境界線

① 自然的境界の例

境界線を設定したときと現在では地形が変化して、自然障壁の位置が変わってしまったものもある。茨城県取手市と千葉県我孫子市の市境もその例。利根川の河道が変わってしまったため、茨城県取手市の一部が利根川の南で離れ小島のようになった。

② 人為的境界の例

北海道札幌市は明治維新後、豊平川の扇状地につくられた都市。開拓者たちは河川を整えて改良し、札幌のまちを計画的に建設した。市や区の境界線を見ると、自然河川などの自然的境界だけでなく、道路や人工河川などの人為的境界も用いられていることがわかる。

なぜここが境界線？
と理由を考えてみると
おもしろいね

もっと知りたい！ 地域の分け方

区分された「地域」は、区分のされ方で異なる性質を持つ

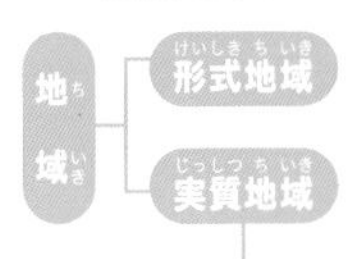

形式地域：入植したり統計調査などのために便宜的に区切って設定された地域。国境線のように長い歴史の中で実質地域に変わっていくものもある。

実質地域：その地域を何かのまとまりで示したものなど。境界線は自然的境界と重なることが多い。

等質地域：気候や人々の生活など、特定の指標でまとめている。

機能地域：人や情報の流れなどの地域間の繋がりでまとめている。

豆知識

静岡県浜松市と長野県飯田市は隣どうし。1987年から毎年1回、県境界線でもある兵越峠で両県の境界線を決める綱引き大会があります。ぎょう行政上の境界線は変わりませんが、大人が必死に綱を引く姿が話題です。

COLUMN 1

地理を学ぶとできる仕事

大学で地理を本格的に学ぶなら、文学部や理学部にある地理学科や地理学専攻をめざしてください。そしてそこで地理を専門に学ぶと、将来どんな仕事に就くことができるのでしょうか。

まずは地図に関するスキルを活かし、地図をつくる会社や国の地図作成機関である国土地理院などで働くという選択肢があります。また、交通や人口動態の知識を活かし、鉄道や不動産分野で活躍する人も。地域ごとの環境や、起こる災害が違うことを知っていれば地方公務員、観光業などの地域に根差した職業で活躍することもできます。

最近では、携帯電話の位置情報ビッグデータを活用した、人流分析などの分野や、GIS（地理情報システム）を使ったデータ分析の知識を活かして、どこにお店を出すといいか、といったマーケティングの仕事に就く人もいます。地理の知識は、地域の特徴に対する深い理解が必要なあらゆる仕事に幅広く活用できるのです。

CHAPTER 2

すごすぎる

地形と自然

地形や気候などの自然環境は、
それぞれの地域の特色を生み出す基本。
この章では、自然環境にはどのような種類があるのか、
そしてそれらの環境が地域にどういう違いをもたらすのかを
見ていきましょう。

地形が教えてくれる自然の営み

大雨や地震などで地形が大きく変化することがあります。地元のお年寄りが「これまで生きてきた中でこんなことはなかった」というのを聞きますが、本当にそれまで起こっていなかったのでしょうか？

大地がつくられていく時間の間隔はとても長く、人の一生とはスケールが違います。数千年、数万年という長い目で見ると、大洪水や山崩れは何度も繰り返し起こり、その結果、大地は大きく変化してきました。

自然の営みの痕跡は、じつは地形に記録されています。川は山を削り、その土砂が下流に運ばれて川沿いや河口が埋め立てられて平野になります。平野の地形をよく見ると、周囲と比べてわずかに高さの違う場所がありますが、これらは平野がつくられる過程で、川が流路を変えたり、洪水を起こして土砂を堆積させた痕跡。山地には過去に起きた山崩れの跡が残されています。

このような地形を調べて、その土地の現在までの成り立ちを知れば、将来起こるであろう**自然災害を予測**できるのです。

それぞれの地形から災害のリスクを知ろう

山の地形と平野の地形

このような地形を読み取ることで、土地の成り立ちを知ることができる。

山地

重力や水でいつも削られているところ。大雨や地震などで**がけ崩れや土石流**などが発生しやすい。

扇状地

川が山地から平地に出たところで、運んできた石や砂がその場に積もってできた地形。大雨のとき**土石流**に襲われやすい。

河岸段丘

周辺より高い平坦な地形。昔の川沿いの平地が侵食されて残ったもの。**災害が起きにくい**ところ。

三角州

川が運んできた泥により浅い海が埋め立てられて陸地となった地形。**洪水や高潮**の被害を受けやすい。

氾濫平野

平地では、川は洪水のたびに流れを変えながら、周辺に運んできた砂や泥を積もらせて広い平坦な地形をつくる。洪水で運ばれてきた石や砂が積もって少しだけ高い地形となったものが自然堤防、かつての川の流れの跡で周辺より低い地形となっているものが旧河道。**洪水の危険**が大きい。

P76では火山や地すべりについて詳しく紹介しているよ

豆知識

国土地理院のHPにある地理院地図から、土地の成り立ちと災害リスクを知ることができます。地図→土地の成り立ち・土地利用→地形分類（ベクトルタイル提供実験）→地形分類（自然地形）で、表示されます。

人々の生活を豊かにしながら災害ももたらす「川」

川は、上流から下流まで、さまざまな違う姿や機能を持っています。そもそも川は地表に降った雨が最終的に海に流れ込むまでの流路のこと。

山をつくっている硬い岩石は時間の経過とともに劣化（**風化**）し土砂に変わります。土砂は川の流れにより削られて（**侵食**）、下流へ運ばれ（**運搬**）、川の流れが緩やかなところでは運ばれた土砂が溜まります（**堆積**）。

自然状態の川は、くねくねと曲がりながらかたちを変えます。その様子は蛇の動きに似ているので、**蛇行**といいます。蛇行が進んだ結果、かつての流路の一部が残ることで、**三日月湖**ができることもあります。

川は平野に水や土砂を供給し、川がつくった**氾濫平野**は豊かな農地として利用しやすく、**自然堤防**（P43）は集落として利用され、人の生活に欠かせません。

一方でときには洪水などの災害も起こります。人々は水害を起こりにくくする工夫を重ね、川と上手に付き合ってきたのです。

川が流れて起こるさまざまな作用とは

川の流れの3つの作用

川は流れの速さによって侵食、運搬、堆積の3つのはたらきをしている。大雨のときには流れが速くなり、はたらきの場所が変化して災害をもたらす。

こちらも三日月湖。昔の河道がなんとなく想像できる？

石狩川と三日月湖

明治時代以降、石狩川（北海道）では洪水を防ぐために積極的な河川改修が行われてきた。その結果、流路が整えられ、昔の流路（旧河道という）は三日月湖として残った。三日月湖は自然の作用だけではなく、人間の活動によってもつくられる。

赤い点線が昭和初期の河道。河川改修で埋め立てられて、旧河道が一部残され、三日月湖になっているのがわかる。

豆知識

埼玉県春日部市に、首都圏外郭放水路（通称：防災地下神殿）という治水施設があります。世界最大規模の地下放水路で、調圧水槽には67万トンもの水を溜めることができます。首都圏の水害を防ぐ役割があります。

三角州と扇状地は似ているけれど全然違う！

三角州と扇状地という言葉を聞いたことはありますか？　どちらも川によって運ばれる土砂でつくられ、扇形をした地形なので、同じようなものと思うかもしれません。しかしこれらの地形は、形成される場所とでき方がまったく違います。

　扇状地は、**川の傾斜が緩やかになる山の麓に**、三角州は**川が海や湖に流れ込む河口付近に**、土砂が溜まることでつくられます。どちらも規模が大きいので、現地に行ってもその地形を実感しにくいと思います。

　また、日本は山と海の間の距離が短いため、静岡県の大井川、富山県の黒部川のように、山の麓にできた扇状地の先がそのまま海岸になっている例外的な地形も見られます。

　三角州は比較的細かい砂や泥でつくられますが、扇状地は山間部からの土石流（大雨で大量の土砂が一気に押し流されるもの）で形成され、比較的大きな石ころが堆積しています。そのため扇状地は水はけがよく、それに適した果物栽培が盛んです。

大地の神秘！　扇状地と三角州の違いを知ろう

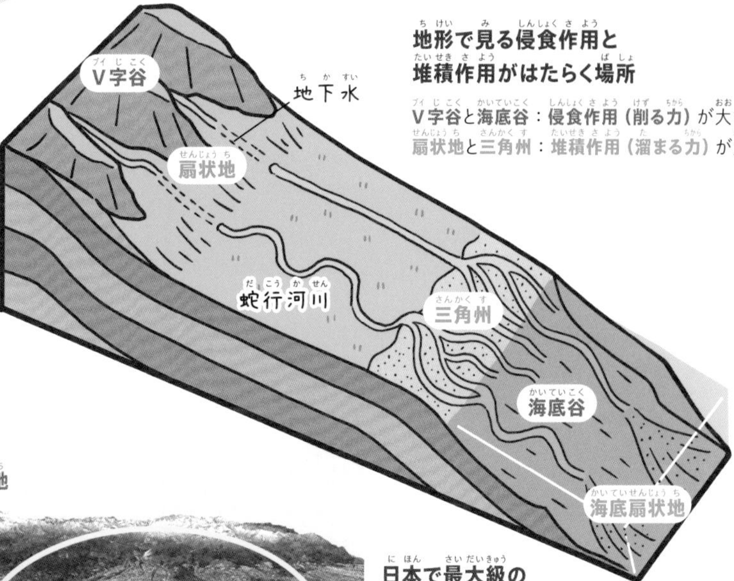

V字谷

地下水

扇状地

蛇行河川

三角州

海底谷

海底扇状地

地形で見る侵食作用と堆積作用がはたらく場所

V字谷と海底谷：侵食作用（削る力）が大きい。
扇状地と三角州：堆積作用（溜まる力）が大きい。

扇状地

日本で最大級の扇状地

岩手県の胆沢扇状地。衛星写真を東方向から立体表示したところ。胆沢川の扇状地になっているのがわかる。

水はけがよい黒部川扇状地（富山県）では、「入善ジャンボ西瓜」の栽培が盛ん。

扇状地は盆地で多く見られるよ！（P60）

三角州の例

広島県の太田川流域に見られる三角州。海側は干拓や埋め立てで土地がさらに広がっている。

豆知識

東京都の西部は、多摩川がつくった巨大な扇状地です。青梅市街地が扇の要で、ここから東に向かって広がっています。練馬区の石神井池、杉並区の善福寺池などは、扇状地の地下に流れる水が湧き出している場所です。

ハワイが日本にやってくる!?

地球の内部は半熟のゆで卵のような構造になっていて、表面は地殻という硬い岩石の層でおおわれています。地殻は十数枚のプレートという硬い板に分かれ、弾力性のあるマントルの上に浮かんでおり、それが年間数㎝の速度でさまざまな方向に動いていると考えられています。地震や火山が発生するのは、プレート同士がぶつかったり、離れたりするからなのです。

日本の周辺は複数のプレートがぶつかり、地震や火山の多発地帯になっています。

このようなプレートの動きを精密に測る方法があります。数十億光年という、はるか遠くの天体が放った電波を地球上の複数地点で受信し、その時刻の差から互いの距離を割り出すVLBIという方法です。

この方法により、日本とハワイの間の距離が年間約6㎝の速度で縮まっていることがわかりました。このままの速度と方向で少しずつ動いていけば、およそ1億年ほどで、ハワイと日本がくっつくことになるのです。

地球の内部は熱く動いている！

地球の内部は高温・高圧

内核・外核が卵の黄身、マントルが白身、地殻は殻のような構造。地殻は30～60㎞の厚さ。

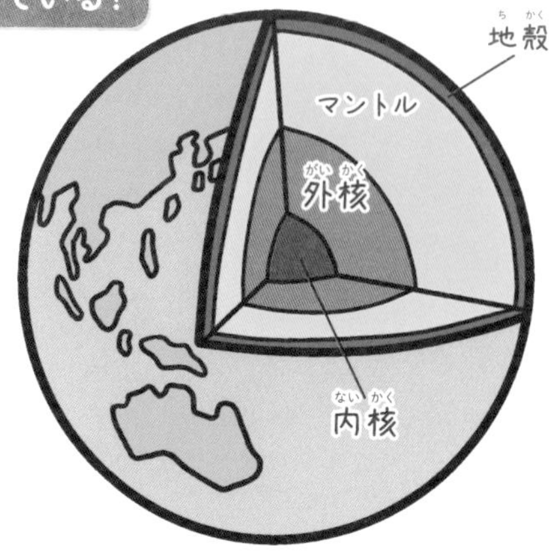

マントルは
固体なのに
弾力があるんだ

ハワイがプレートに乗ってやってくる!?

ハワイと日本に設置されたパラボラアンテナで、数十億光年というはるか遠くの天体が放った電波を同時に観測する。受信した時刻の差を原子時計で正確に測定することで、互いの正確な位置関係を求められる。

宇宙からの電波で
地球上の数㎜単位の
動きがわかるんだ！

伊豆半島は、かつてはいまよりずっと南にあった海底火山の集まりでした。フィリピン海プレートに乗って移動し、ついに本州に衝突し、半島になったと考えられています。

CHAPTER 2
19
地形と自然

「動かざること山の如し」というけれど……

戦国時代の武将・武田信玄の旗印で有名な「動かざること山の如し」。信玄は、どっしりと動かないものの象徴として山を選んだのです。しかし現代の技術は、これをある意味では間違いだとあきらかにしました。

日本中にある**電子基準点**では、地面の動きを常に観測しています（P33）。この観測で、日本列島は、大きな地震や火山噴火のときに急激に動くだけでなく、**ふだんから少しずつ動いていることがわかってきました**。

その速さは1年に数cmとわずかなものですが、それが数十年、数百年と積み重なっていくと、やがて地面がその力に耐えきれなくなり、地震が起こると考えられています。また、大きな地震は数千年ごとに繰り返し同じ場所で起こり、その際地表に数mほどの食い違い（**断層**）が現れることがあります。このような動きがさらに数万年、数十万年と積み重なって、**山地や盆地などの大きな地形がつくられてきたのです**。

日本列島はなぜ動くのか

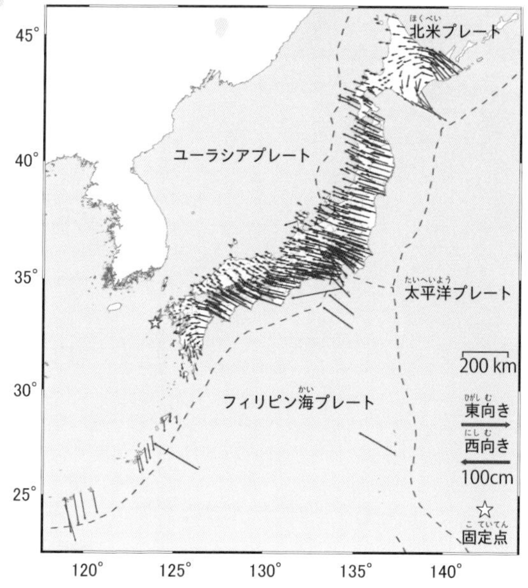

2011年の東北地方太平洋沖地震で東北地方から関東地方では一気に逆方向の東へ最大5mも動いたところがあるよ

電子基準点がとらえた日本列島の動き
1997年4月～2010年10月
九州の固定点☆に対する相対的な変動

青の矢印は西向き、赤の矢印は東向きの動きを示す。太平洋プレートが東から西に、フィリピン海プレートが南東から北西に向かって日本列島を押しているので、東北地方は主に西向き、近畿地方や四国地方は主に北西向きに、毎年数cmずつ動いている。

熊本地震（2016年）で現れた地表の食い違い

畑のあぜや麦の畝は手前から向こうにまっすぐ続いていたが、地震のときに地表に現れた断層によって断層の向こう側が右に2ｍもずれた。

豆知識

山は動くだけでなく高さも変わります。地面が常に隆起している一方で、雨雪や川で削られ、ときには崖崩れで一気に低くもなります。火山活動で山が隆起したり、大きな火口ができて低くなることもあります。

CHAPTER 2
20
地形と自然

富士山がいまの場所にそびえている理由

富士山は、3つのプレートの会合点と、太平洋プレートの沈み込みによる火山フロントが重なる場所に位置している。

日本一高い山、富士山は裾野が広い大きな火山です。富士山はなぜここにぽつんと存在しているのでしょうか？ 富士山が、ここにそびえ立っているのには理由があるのです。

富士山がある場所では、日本周辺にある4つのプレート（P142）がせめぎ合っています。プレートが、ある深さまで沈み込むと温度と圧力、水分の影響でマグマができます。そのマグマが上昇してできたたのが火山です。

そこにある理由はみんな必然

谷口集落ができたわけ
山から平地に川が流れ出す谷口につくられた集落。
山
平野
海
中間地点にはじめ市がたつ
徐々に人が住み着き、集落になる

そのため、プレート境界から一定の距離が離れた場所に火山が並びます（火山フロント）。3つのプレートの会合点と火山フロントが重なった場所は、世界中で富士山直下だけです。これが突然、高い山が現れる理由です。

視点を変えて、人間活動の面から見て、「なぜその場所に町があるのか」ということも考えてみましょう。例えば異なる地域の物品を交換するため、人が集まってできた谷口集落や、川沿いだからできた集落など、必ず理由があります。

地理を学ぶと、自然的・人間的な理由から、ある現象がなぜその場所で起こるのかを理解できるのです。

豆知識

世界の高い山ランキングの1～10位は、ほとんどがヒマラヤ山脈にあり、いずれも8,000mを超えた山々です。この場所は大陸プレート同士が衝突してプレートが地中に沈み込まないので、どんどん隆起するのです。

「江の島」は陸続きなのにどうして「島」と呼ばれる？

江の島は神奈川県の湘南海岸にある小さい島で、観光地としても多くの人に愛されています。江の島は満潮のときには島ですが、干潮のときは陸とつながります。江の「島」というのに、なぜ陸続きになるのでしょうか？

　このように陸につながっている島を**陸繋島**といい、陸と島をつないでいる部分の地形は**トンボロ**と呼ばれます。元々は島ですが、島の周りの波や海流の影響で砂が溜まり、陸続きになるのです。陸と島の間がそれほど離れていなくて、陸と島の間の水深が浅いところにできる地形です。このような地形は江の島だけではなく、日本中のいろいろなところで見ることができます。

　波や海流の影響で砂が溜まってできる地形の呼び名は、場所や形によって変わります。陸地の岬から海に向かって細長く突き出た砂の部分のことを**砂州**といいます。これが島につながればトンボロ、海流の方向により嘴のように曲がっていれば、**砂嘴**と呼ばれます。

海流や風がつくり出す砂浜のいろいろなかたち

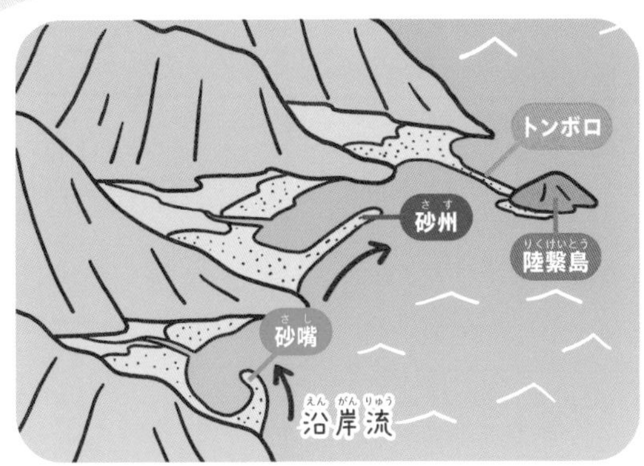

さまざまな砂浜の地形

川の上流から流されてきた石や砂が、風や海流に運ばれて、海岸線にいろいろな砂の地形をつくり出す。基本形は「砂州」で、条件によって「砂嘴」や「トンボロ」と呼ばれる。トンボロの先には必ず「陸繋島」がある。

トンボロ
陸繋島

神奈川県　江の島

江の島は境川（片瀬川）が運んできた土砂や湘南海岸を流されてきた砂が、島の周りに溜まって陸続きになった陸繋島。トンボロは普段は海中にあるので、干潮時のみ見ることができる。

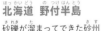

砂州

京都府　天橋立

日本海から宮津湾に流れ込む対馬海流が運んできた砂礫がたまり、できた砂州。宮城県の「松島」、広島県の「宮島」と並ぶ日本三景のひとつ。

トンボロ
陸繋島

フランス　モン・サン・ミシェル

フランスの西海岸、サン・マロ湾上に浮かぶ陸繋島に建てられた修道院。同じく陸繋島の江の島は、日本のモン・サン・ミシェルともいわれる。

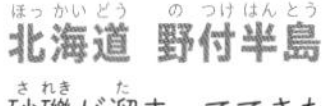

北海道　野付半島

砂礫が溜まってできた砂州が海流により、嘴のように曲がった地形を砂嘴という。野付半島は根室海峡の海流でできた延長26kmにわたる日本最大の砂嘴である。

砂嘴

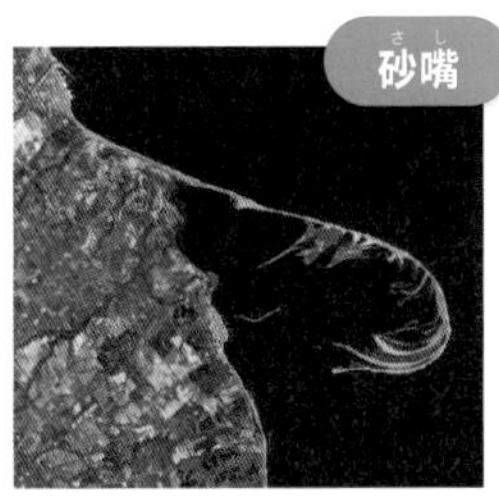

豆知識

波には、海岸を侵食し、砂礫を移動させるような強い力があります。これにより、さまざまな海岸地形を見ることができます。海岸の岩石が硬いかもろいかにより、見られる地形も異なります。

湖はでき方でかたちがいろいろ 種類もいろいろ！

日本にはさまざまな湖がありますが、そのでき方によって、かたちなどに特徴があります。

火山活動によってできる湖の代表例は**カルデラ湖**と**火口湖**です。カルデラは山体のなかにあったマグマが噴出してできたもの。その凹地部分に水が溜まったのがカルデラ湖で湖底がほぼ平らな形状です。火口湖は火山の火口に水が溜まったもので、すり鉢状をしているのが特徴です。

海の近くでは、元々あった海岸線の湾曲部分に、海流に運ばれてきた土砂が砂州状に溜まり、海と内陸側が仕切られて湖になります。平野にできると浅い湖、海岸近くの山地にできると比較的深い湖になります。これらは海の跡と書いて**海跡湖**と呼びます。

日本には断層が多くありますが、断層活動により、土地が沈降して水が溜まったのが**断層湖**です。長野県の諏訪湖、青木湖、木崎湖は代表的な断層湖で、いずれも糸魚川—静岡構造線と呼ばれる断層沿いに、ほぼ南北に位置しています。

湖のかたちとできた理由

火口湖

蔵王御釜(宮城県)、湯釜(群馬県)

- 火山の頂上
- 比較的小さい
- お釜のような丸いかたち
- 火山活動でできる

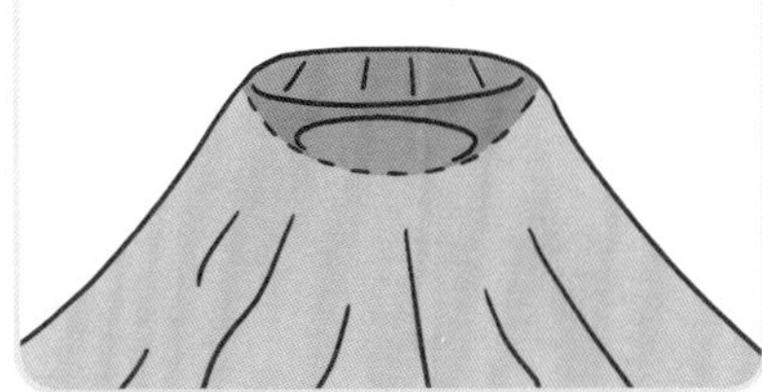

カルデラ湖

摩周湖、屈斜路湖(北海道)

- 比較的大きい
- 島があることもある
- 急な斜面
- マグマの噴出でできる

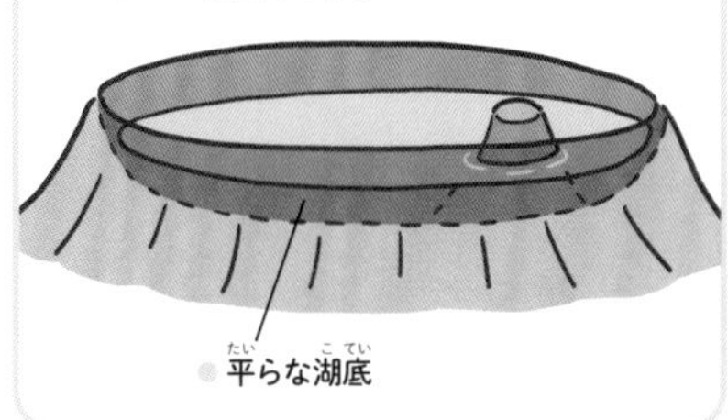

平らな湖底

海跡湖

網走湖、サロマ湖(北海道)

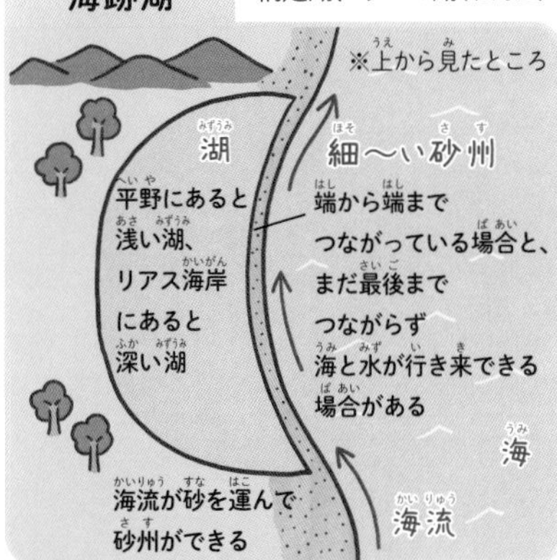

※上から見たところ
湖
細〜い砂州
平野にあると浅い湖、リアス海岸にあると深い湖
端から端までつながっている場合と、まだ最後までつながらず海と水が行き来できる場合がある
海
海流が砂を運んで砂州ができる
海流

断層湖

諏訪湖(長野県)、琵琶湖(滋賀県)

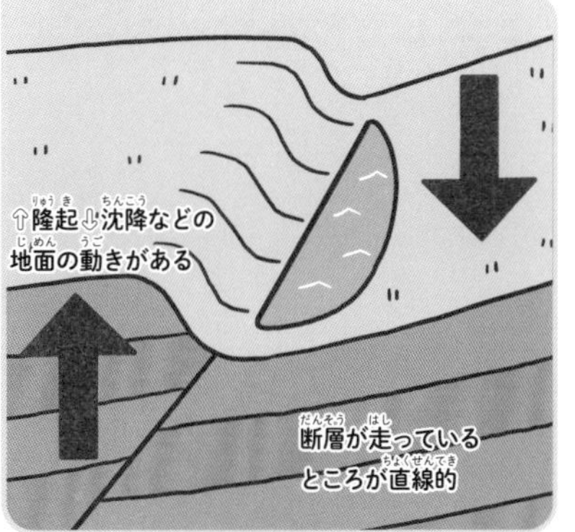

⇧隆起⇩沈降などの地面の動きがある
断層が走っているところが直線的

蔵王の御釜

火口湖の例。湖盆は同心円状に深くなり、湖水が強酸性で生物が棲めない。「釜」という名前がかたちを表す。

フォッサマグナは日本列島を縦断する古い地質の構造のこと。活断層の糸魚川—静岡構造線とは別物だよ

豆知識

海跡湖は、海水の流入量で塩分濃度が異なります。鹿児島県の上甑島には海鼠池、貝池、鍬崎池が並び、それぞれ海水に近い汽水湖、海水の上に淡水がのった２層構造、ほぼ淡水湖と、塩分濃度が違います。

鳥取砂丘は砂漠のようで砂漠ではない!?

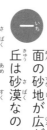

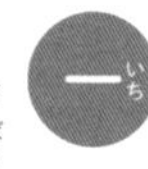

面の砂地が広がる鳥取砂丘。鳥取砂丘は砂漠なのでしょうか?

砂漠は雨が少ない場所にできるもの(P146)ですが、**鳥取は植物の成長に十分な雨が降ります**。航空写真を見ると、砂丘の周辺には森林があり、砂漠ではないことがわかります。

ではなぜここに砂丘があるのでしょうか。その理由は、「川」と「風」です。鳥取砂丘の西側には、中国山地から日本海に流れる千代川の河口があります。千代川上流には、岩が風化してもろくなってできた大量の砂があり、川によって日本海まで運ばれます。

日本海では冬になると北西から季節風が吹き、千代川によって運ばれてきた砂は、季節風の強い風と波によって河口近くの海岸(鳥取砂丘)に堆積します。そこに再び強い風が吹くと砂は少しずつ移動します。このように砂が動くと植物が根を張れません。つまり**砂が動くために植物が育たない**だけで、降水量は全く関係ないのです。

砂漠に見えても、砂漠じゃないワケ

▲鳥取砂丘

鳥取砂丘と本当の砂漠の降水量はこんなにも違う！

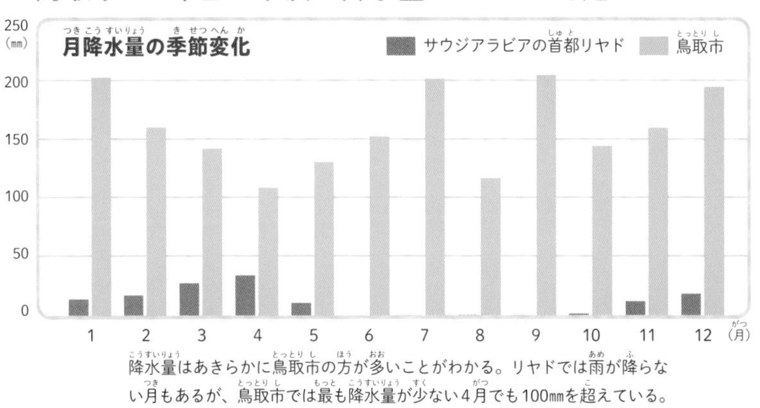

降水量はあきらかに鳥取市の方が多いことがわかる。リヤドでは雨が降らない月もあるが、鳥取市では最も降水量が少ない4月でも100㎜を超えている。

鳥取砂丘はこうやってできあがった！

雨が降る鳥取では強い季節風が砂丘をつくっているよ

千代川によって運ばれた砂が北西季節風によって海岸に堆積して砂丘ができる。

豆知識

冬に強い北西の季節風が吹く日本海側の新潟県新潟市や山形県酒田市にも、砂が堆積してできた砂丘があります。クロマツの植林などによって、砂の移動を防止して砂丘を固定しているところも。

暑くて寒い盆地のおいしいひみつ

山形のさくらんぼ、福島の桃、山梨のぶどう……。果物の一大産地のこれらの場所の共通点、それは盆地であること！

盆地とは、周りを山に囲まれた平らな場所を指します。例えば山形盆地は周りを斜面に囲まれていますが、盆地の底は平らで、昔は湖でした。盆地周辺の斜面は扇**状地**となることが多く、そういう水はけがよい場所に適した果物が栽培されています。そして、盆地の特徴のひとつである**寒暖の差が大き**いことも、大きなポイントです。

盆地は夏の日中、温められた空気が盆地の周りの斜面に沿って上昇し、その後、降りてくるときに空気が圧縮されることで暑くなります。一方、冬の夜間は盆地周囲の斜面で冷えた空気が重くなり降りてきて、盆地底に溜まって**冷気湖**ができることで底冷えします。春や秋の夜にも、同じ原因で盆地の底には冷たい空気が溜まります。

この寒暖差により、ほかの地域ではつくれない、おいしい果物が生まれるのです。

おいしさの秘密を見てみよう！

春の甲府盆地の景観

盆地周辺の扇状地にある桃畑で桃の花が満開になると、このような景色が見られる。

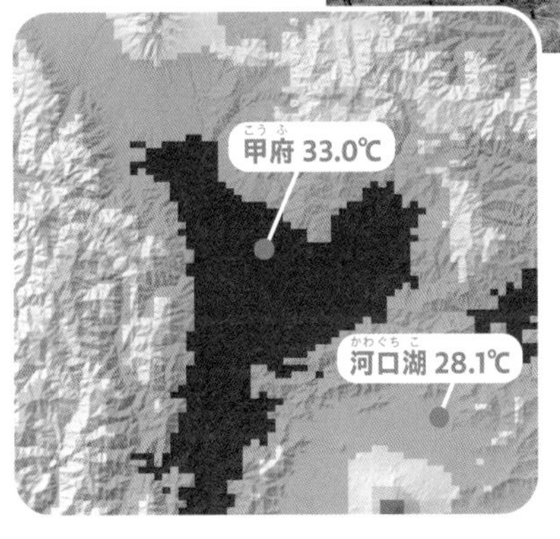

8月の日中最高気温平年値の分布
(1991－2020年の平年値)

盆地の中心に近い甲府では、富士山山麓の河口湖に比べて、8月の日中最高気温平年値が4.9°C高い。

最高気温

- 15°C未満
- 15 ～ 20°C
- 20 ～ 25°C
- 25 ～ 30°C
- 30°C以上

盆地の空気の流れに注目！

晴天日の空気の循環

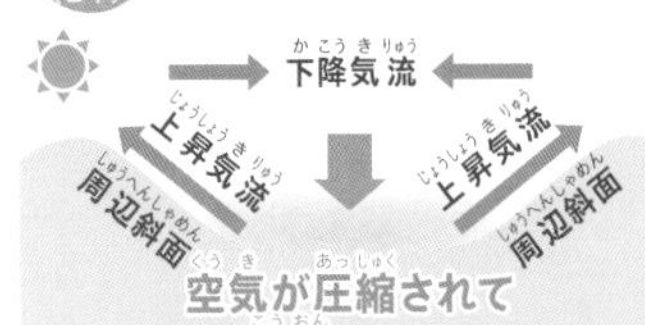

よく晴れた夏の日中、強い日ざしによって暖められた盆地周辺の斜面では、暖められて軽くなった空気が斜面に沿って上昇。上昇した空気は、盆地の上空に戻った後、下降気流になる。下降気流があると、空気が圧縮されるので、盆地の底では気温が上がる。

晴天日の空気の循環

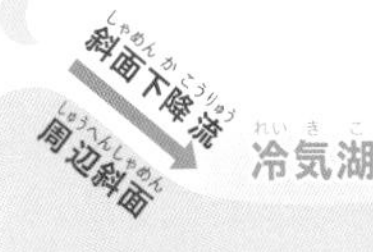

冬の風が弱い日の夜から明け方にかけて、盆地周辺の斜面が冷える。斜面上の空気は冷やされると重くなり底に溜まる。

寒暖の差が大きいと果物が糖分を溜め込んで甘くなるよ！

豆知識

斜面を冷気が降りることで麓が冷えて、斜面中腹で温暖になっている範囲を斜面温暖帯といいます。この斜面温暖帯の特性を活かし、筑波山（茨城県）では福来みかんを山の中腹で栽培しています（みかん栽培の北限）。

冷夏で米が不作になるのは「ヤマセ」のせい

1993年夏のこと、日本では米の収穫量が記録的に少なく、タイから米を緊急輸入したことがありました。この年、何が起こったのでしょうか？

その夏、宮城県や岩手県など東北地方の太平洋側でとくに米が不作でした。ところが、日本海側の秋田県や山形県では、それほどではなかったのです。その理由がヤマセです。

ヤマセとは、梅雨の季節に**オホーツク海高気圧**から寒流（**親潮**）の上を通って、**東北地方の太平洋側に吹く冷たく湿った風**のこと。梅雨明けが遅いと8月でもヤマセが吹きます。このような年には冷夏となり、東北地方の太平洋側では米が不作になることがあるのです。

ヤマセは高さ方向の厚みがとても薄いのが特徴。宮古（岩手県）と秋田の間には高い山が連なり、雲はそこを越えられません。そのため太平洋側の地域だけが冷夏で、日本海側の秋田県や山形県は天候がよく、気温が高かったのです。

「ヤマセ」の正体はコレだ！

ヤマセが吹くメカニズム

梅雨の季節（6～7月）に、北日本の東側でオホーツク海高気圧が発達する。オホーツク海高気圧から吹き出す北東風は、寒冷な海流（親潮）の上で冷やされて東北地方の太平洋側に流れ込む。8月になってもヤマセが吹き続ける年は冷夏となる。

オホーツク海
高気圧

ヤマセ
冷たく湿った北東風

親潮　千島列島から日本の東側を流れる寒流

東北地方の太平洋側
雲が多く寒くなる

秋田―宮古間の地形断面図とヤマセ

フェーン現象

（山を越えられない）

ヤマセ
冷たく湿った風

日本海　秋田　出羽山地　奥羽山脈　北上高地　宮古　太平洋

太平洋側の地域はヤマセの影響を受けやすい。秋田県など日本海側では、山を越えた風が吹き降りる際に起こるフェーン現象によって、高温になることがある。

ヤマセが吹いた
1993年7月の平均気温は
岩手県宮古市で16.6℃、
秋田市は21.1℃で、
大きな差があったんだよ！

豆知識　太平洋側でヤマセが吹いているとき、秋田県でフェーン現象が起こり高温の風（フェーン）が吹くことがあり、これを地域の人は豊作をもたらす風として「宝風」と呼んでいます。

「国境の長いトンネルを抜けると雪国であった」を徹底解説！

「国境の長いトンネルを抜けると雪国であった」。川端康成の小説『雪国』の有名な冒頭の一節です。このトンネルは群馬県と新潟県をつなぐ清水トンネルで、小説が書かれる4年前に完成しています。

この場所には三国山脈があり、日本海側と太平洋側の気候を分ける境界になっています。冬はシベリアから冷たい北西風がやってきて、日本海の上を通過するときに水蒸気を含みます。この風が新潟県の平野を吹き抜け、三国山脈にぶつかります。ぶつかった風は強制的に上昇、温度が下がることで雲が発達し大量の雪を降らせます。これがトンネルを抜けた先にある新潟県越後湯沢の気候です。

大量の雪を降らせたあと、空気は乾燥して群馬県側に吹き降ります。この乾いた強風が上州のからっ風です。そのため、冬にこのトンネルに入る前の、群馬県側では晴天が多く、トンネルを抜けた途端に大雪の景色が広がるのです。小説に描かれた風景には、地理的な理由があったのです。

トンネルの入口（群馬県）と出口（新潟県）の気候はこんなに違う

日本海側と太平洋側の冬の天気の違い

冬には日本海側から風が吹き、その風が三国山脈にぶつかって麓に大雪を降らせる。水分を失った空気は群馬県前橋側で「からっ風」となる。

トンネル1本を隔てて気候が大きく違うのは途中の山脈が原因だったんだね

越後湯沢（新潟県）と前橋（群馬県）の降水量と気温の比較

降水量は、夏は両地点でほとんど変わらないが、冬は越後湯沢の降水（降雪）量が圧倒的に多いことがわかる。越後湯沢の冬の積雪の深さは平均1mを超えるが、前橋はわずか1.9cm。

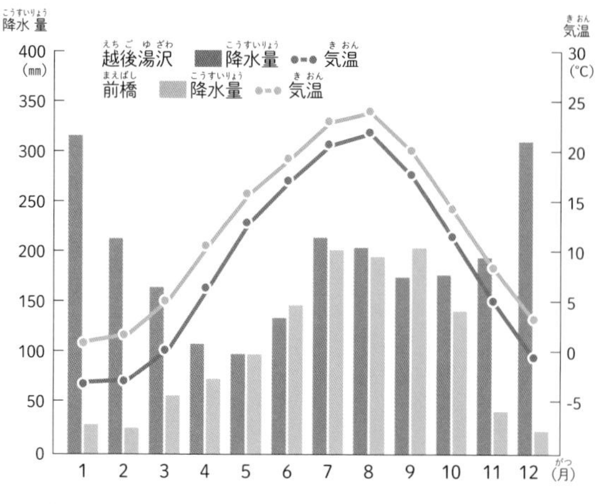

豆知識　群馬県は全国の中でもとくに乾燥した地域で、比較的乾燥した地域でも育つ小麦の産地です。かたや三国山脈の北側は新潟県南魚沼市で、米の一大産地。豊富な雪どけ水がおいしい米をつくってくれるのです。

屋久島ではひと月に〝35日〟雨が降る!?

「ひと月に35日雨が降る」と林芙美子の小説『浮雲』で表現されたほど雨が多い屋久島。九州の南のこの島で、なぜ雨がそんなに多いのでしょうか?

左のグラフは屋久島と東京の降水量を比較したものです。東京の年降水量は1600㎜ほどですが、屋久島の年降水量は多いところで7000㎜を超え、じつに東京の4倍以上。降水量が多い理由は、**屋久島の位置と地形**にあります。屋久島の最高地点は宮之浦岳山頂の1936mで、九州では最高峰です。四方の海からの湿った風が宮之浦岳をはじめとする高い山々にぶつかり、強制的に上昇させられることで大量の雨を降らせるのです。

また、標高の低い沿岸部は**亜熱帯気候**でガジュマルが生える一方、前述した最高地点では冬に雪が降り、**北海道と同じくらいの気候**になるほどで、振れ幅が非常に大きいのです。屋久島はただ雨が多いだけでなく、こんな小さな島ながらとても多様な環境を見ることができます。

屋久島と東京の降水量を比べてみよう！

東京と屋久島の月別降水量
東京
屋久島
900 (mm)
675
450
225
0
1
2
3
4
5
6
7
8
9
10
11
12 (月)

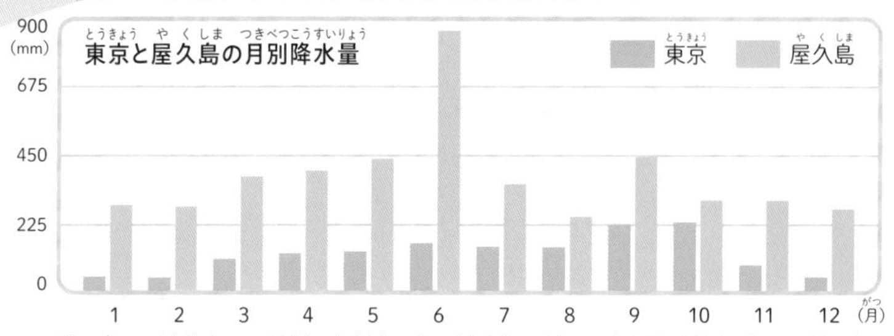

上の図は、気象庁による東京と屋久島の月別降水量の比較で、屋久島は東京と比べて降水量が多いことがわかる。屋久島での観測は海に近い標高の低い地域で行われているが、標高の高い地域ではさらに降水量が多いという報告も！

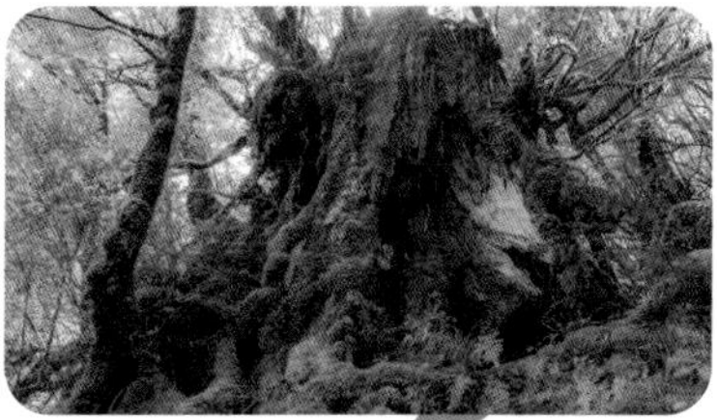

屋久島の中でも標高の高い場所にだけ自生する屋久杉。

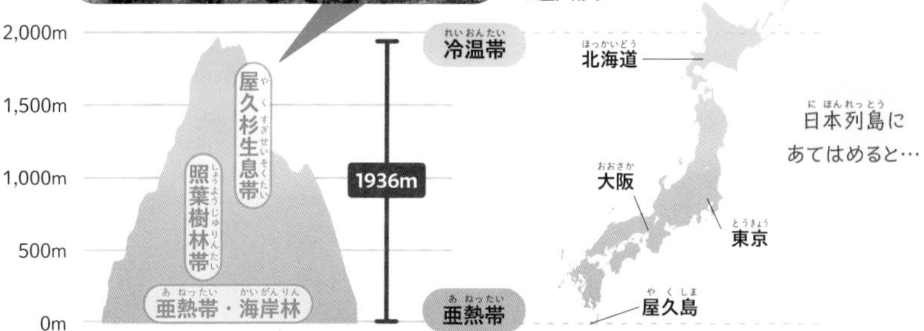

2,000m
1,500m
1,000m
500m
0m
屋久杉生息帯
照葉樹林帯
亜熱帯・海岸林
1936m
冷温帯
亜熱帯
北海道
大阪
東京
屋久島
日本列島にあてはめると…

低いところに自生するガジュマルは、空気中で水分の吸収と排出を行う気根と呼ばれる根を持つ植物。日本では屋久島〜沖縄に多く分布している。

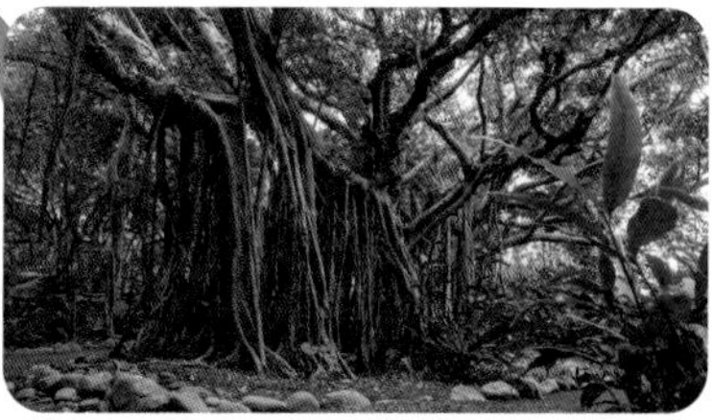

豆知識

屋久杉は屋久島に自生し、樹齢が1,000年以上にもなる特殊なスギです。屋久島の養分の乏しい土壌と多量の雨によって、通常のスギより成長が遅く、その結果寿命が長いといわれています。

都市部が島のように熱くなるヒートアイランド

ヒートアイランドとはなんでしょうか？　直訳すると「熱の島」になります。都市特有の気候現象（**都市気候**）のひとつで、都市の部分だけ周囲と比べて島状に熱くなる現象のことです。

東京の年平均気温はこの100年間で約3℃上昇しました。同じ期間の日本全国の気温上昇率は、約1℃ですから、東京では全国平均に対して約3倍の気温上昇が起きていることになります。この原因は主に都市化によるものです。

ヒートアイランド現象を緩和するには、都市内に公園などの緑地をつくることが効果的です。都市にある大規模な緑地では、周囲よりも気温が低くなることが知られていて**クールアイランド現象**と呼ばれます。

緑地内に溜まった冷気が周囲の市街地に流れ出す効果もあります。世界には、このような緑地の気候改善効果をうまく活用し、**グリーンベルト**を計画的に配置して、ヒートアイランド現象を軽減させる取り組みをしている都市もあります。

都市が島状に熱くなる様子

東京都心とその周辺地域の冬の気温

2011年1月の午前6時の平均気温を表した図。図中の点は気温の観測地点を示す。

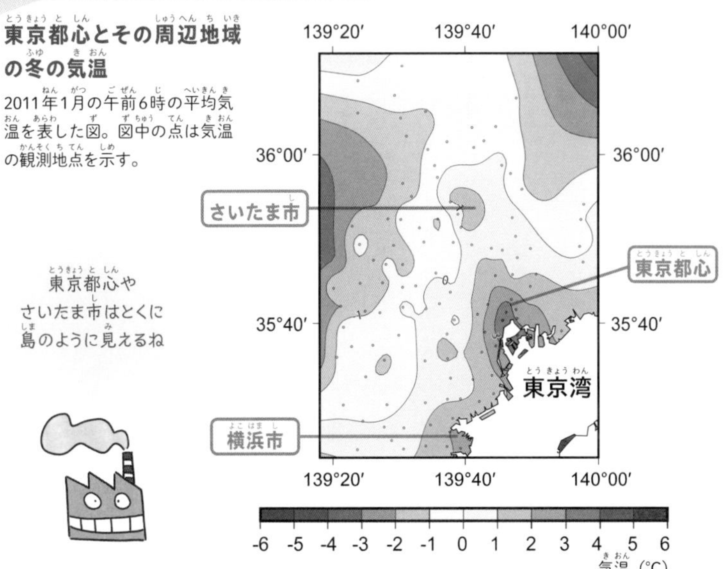

ヒートアイランド現象が起こるわけ

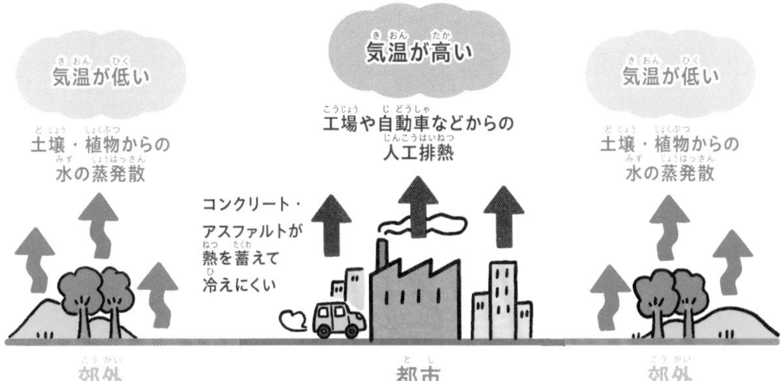

人工排熱やコンクリート・アスファルトでおおわれた地面が大気を暖め、植物などによる冷却効果が弱いことが主な原因。

豆知識 ヒートアイランド現象の原因としては、上記以外にも、高層ビル群がつくられていることも挙げられます。風の流れが妨げられ、ビル群の風下側の地域が高温化するという可能性が指摘されています。

森林が海の栄養源！「魚付き林」がスゴイ

「魚付き林」を知っていますか？　海に囲まれた日本では、昔から海産物が主要なたんぱく源でした（P88）。陸に近い海の生態系に重要な影響を与えているのが陸上の環境、とくに森林で、日本では「魚付き林」と呼んでいます。

海に近い森林の落ち葉や虫などの有機物が雨水と共に川に流れ出し、水中の微生物が増えます。これが海の生き物の餌となり、豊かな海になるのです。また、森林には川の水量や水温を安定させる効果もあります。

日本では、漁業者が森林の保全を行っている例がいくつもあります。「お魚殖やす植樹運動」（北海道）は魚を増やすため、NPO法人「森は海の恋人」（宮城県）の植樹活動は牡蠣の成長のためです。人の手が加わることで、海産物がより獲れたり、生物多様性が高まったりした沿岸海域を、里山に対して里海と呼ぶこともあります。

海の環境は、じつは陸の環境と密接に関わり合っているんですね。

魚付き林のあり・なしを比べてみよう

豊かな海を育む植樹活動

NPO法人「森は海の恋人」は、環境教育や森づくりの活動に取り組んでいる。

豆知識

栄養塩とは植物の栄養になるリンや窒素などの元素のことで、不足すると植物が十分に育ちません。有機物とは落ち葉や虫などのこと。さまざまな栄養塩や有機物などが流れてくることで、海産物が育つのです。

日本列島は多様な自然環境の宝庫

日本列島は自然環境がじつに多様。その理由は細長い列島、土地の隆起、豊富な雨です。日本の国土は日々わずかずつ隆起しているため、高い山々が連なっています。そこに海からの湿った風が当たって雨を降らせるため、土地は常に侵食され、傾斜の急な険しい山々が連なります。これを南北縦断で示したのが左の図です。

仮に日本が南北に細長くても、全体的に標高が低い土地だったらどうでしょう。宮城県の仙台より南では照葉樹林帯、仙台より北では落葉広葉樹林帯の2種類だけに分類され、垂直方向（高低差による）の多様性は見られなかったはずです。落葉広葉樹林帯は、秋に紅葉が見られる地域。このような地域が九州など南の方の標高の高い地域にも存在します。

また隆起した山々が連なっていても、豊富な雨がなければ侵食されないため、険しい山々が形成されません。険しい山々があることで多様な自然環境が形成され、植物の多様性が生まれるのです。

多様性を育む日本列島の特徴

緯度と標高で分かれる植生帯

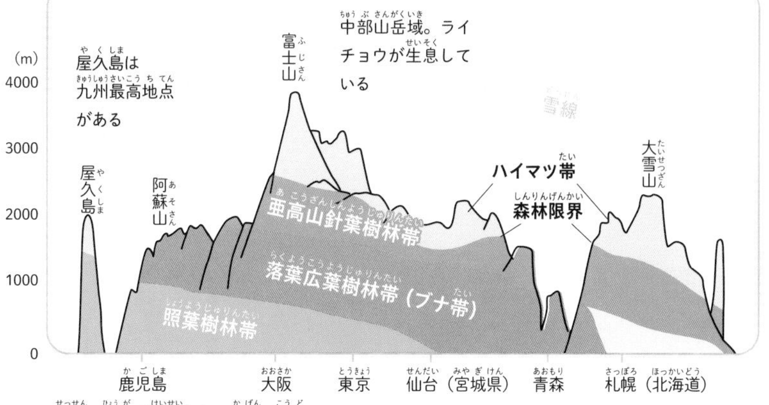

- 雪線＝氷河が形成される下限の高度
- 森林限界＝高山植物を除いた高木が育つことのできる限界

日本で見られる植生群

樹林帯		日本の中での気候の特徴	樹林帯の特徴
亜高山針葉樹林帯 例：トウヒ、トドマツ、エゾマツ、カラマツ、シラビソ、ハイマツ、ダケカンバなど	トウヒ	日本の中では寒い地域	葉が針のかたちをしている木。日本では人工的にスギやヒノキを植林した針葉樹林があるが、これと自然に生えている亜高山針葉樹林は別。
落葉広葉樹林帯（ブナ帯） 例：ブナ、ナラ、モミジ、サクラなど	ブナ	中間	秋になると紅葉し、冬には葉がなくなるタイプの木。
照葉樹林帯 例：シイ、カシ、ミカン、ビワなど	シイ	日本の中では暖かい地域	冬でも葉を落とさないタイプ。葉の表面がテカテカしている種類が多いので、照葉という。

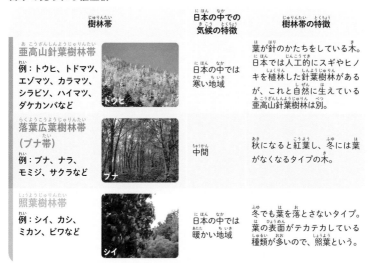

豆知識

日本の一部地域（富山県立山）には氷河が存在します（福井・飯田により2012年、御前沢雪渓が現存氷河と報告されました）。立山には氷期の生き残りといわれる鳥、ライチョウも生息しています。

日本一の湖・琵琶湖の生き物がいま危ない！

ビワコオオナマズ、ビワマスに、鮒ずしにするニゴロブナなど、滋賀県の琵琶湖には魚だけで16種、それ以外も含めるとなんと60種以上の固有種が生息しています。

琵琶湖は日本一大きいだけでなく、とても古い湖です。現在の三重県伊賀市あたりに古琵琶湖ができたのは約４００万年前。途中、消滅などを繰り返しながら地殻変動で少しずつ**北へ移動**し、現在の琵琶湖南部は約１００万年前から、北部は約40万年前から存在しています。それだけ古くからあるので固有種が多いのです。

湖水は、夏には表面が暖められ、冬には冷やされて重くなり、深いところへ沈み込むなど**季節によって変化**しています。ところが最近、冬の気温が上昇傾向にあり（Ｐ１６２）、冷たく酸素をたくさん含んだ水が琵琶湖の底まで十分に到達しなくなってきています。湖は**閉鎖系水域**といわれます。湖の底に生きている生物にとっては、浅い川を経由して他の場所へ移動することができず、まさに危機的状況なのです。

寒さと雪が湖の水を循環させる

夏の琵琶湖

❶ 上部に太陽の光が入り、植物プランクトンが増殖
❷ プランクトンが酸素を放出

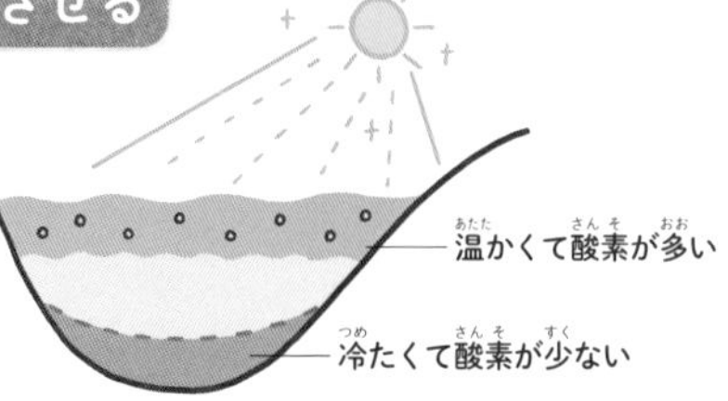

冬の琵琶湖

寒い冬

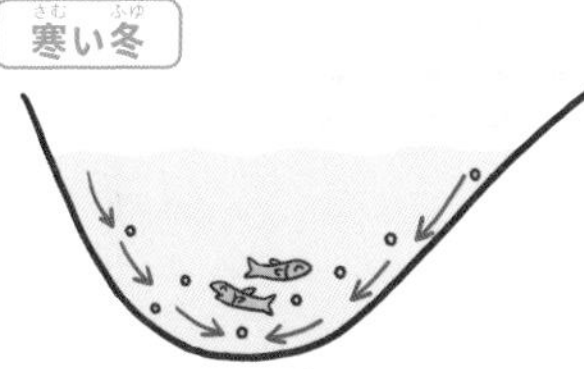

❶ 酸素たっぷりの水が冷えることで下へ沈む
❷ どんどん冷やされて底まで行く
❸ 底の水が冷えて、酸素が行き届く

↓

琵琶湖の深呼吸

暖かい冬

冷えて酸素を含んだ水が底まで行かない

↓

深呼吸できない！

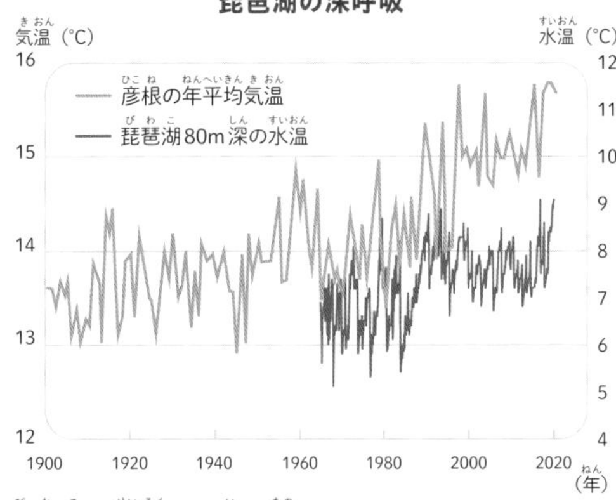

彦根市の気温と琵琶湖の深い層の水温の変化

琵琶湖のほとり、彦根市の気温と琵琶湖の深い層の水温の変化を同じ時間軸で示している。気温はこの100年で上昇。それに伴って深い層の水温も上昇している。

琵琶湖に生息する生き物

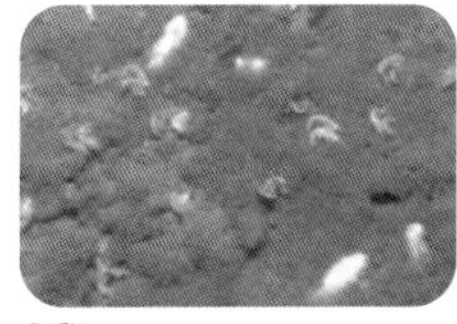

湖底にいるビワオオウズムシ（赤色）とヨコエビ（灰色）。

イサザ。

ビワコオオナマズ。

豆知識

琵琶湖の北部流域は、日本の特別豪雪地帯（特に雪が多いところ）の南限です。雪がたくさん降ると、酸素をたくさん含んだ雪どけ水が、湖の深いところへ到達するため、湖底の酸素濃度が上がることが報告されています。

怖い火山の噴火や地すべり じつは恵みもたくさん

火山はひとたび噴火すると、巨大な岩が飛んできたり、火山灰が厚く大地をおおいつくしたり、高温の溶岩や**火砕流**が流出するなど、大きな被害をもたらします（P116）。

一方で、**火山灰**が降り積もった土はミネラルが豊富で水はけがよく、おいしい野菜や果物が育つ土壌になります。また火山周辺には美しい景観や温泉があることも多く、デメリットばかりとはいえません。

同じように**地すべり**は、山が一気にすべり落ちると大きな被害を生じさせます。さらに地すべりによる大量の土砂が川をせき止め、できた湖がのちに決壊して、下流に大きな被害をもたらすこともあります。

その一方で、地すべりの跡地は傾斜が緩やかで水も得やすく、土砂がやわらかで耕作に向いていることもあり、山のなかでは比較的暮らしやすいといえます。

このように、災害をもたらす自然現象は、私たちの**豊かな暮らしに恵みをもたらしてくれる**こともあるのです。

災害と恵みは隣り合わせ

火山

群馬県・浅間山の麓は土壌がよく、嬬恋キャベツが栽培されている。

青森県・岩木山の山麓にはりんご畑が。

大分県・別府温泉。ミネラルを豊富に含む。

熊本県・阿蘇山に広がる草千里ヶ浜は、美しい景勝地でもある。

地すべり

新潟県長岡市山古志で行われる養鯉。地すべり地を切り開いて、養殖池がつくられている。

徳島県三好市東祖谷の落合集落。山の中腹の地すべり跡地にできた集落。集落内の高低差は約390mに及ぶ。

地すべりが起きるメカニズム

地すべりが起きる要因は主に2つ。雪どけ水と大雨だ。

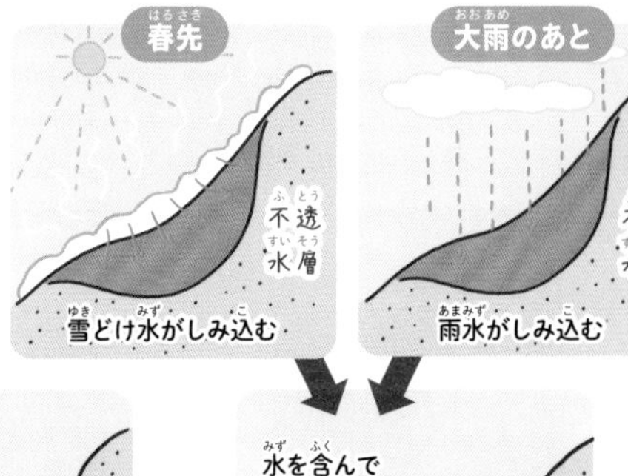

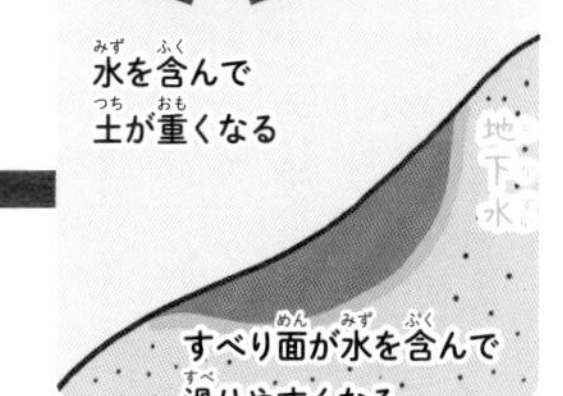

すべり面より上の土が下方に移動する

地震などで一気に崩れることもある

豆知識 地すべりの跡地は周りと比べて傾斜が緩くなるので、集落になることがあります。このような集落は麓からは場所がわかりにくいので、平家の落人が隠れ住んだ里という伝説が全国各地に残されています。

ハザードマップを防災に活かそう！

自然災害から**住民の命を守る**ために、市町村は**ハザードマップ（防災地図）**を作成して住民に配布しています。災害の種類によって対応が異なるので、災害の種類ごとのハザードマップがあります。

ハザードマップには、予想される災害の程度と、避難場所などの位置が示されています。みなさんも、ふだんからハザードマップを確認し、自分の家や学校にどの程度の災害が起こる可能性があるのか、近くの避難場所はどこか、避難場所までのルートに危ない場所はないかなど、いろいろな角度から確認しておきましょう。

ただ、ハザードマップはある想定に基づいて予測した地図なので、その予測よりも大きな災害が起こることもあり得ます。実際に起こる災害が、**ハザードマップの予想通りにならない可能性**も知っておく必要があります。

過去の自然の営みは地図と地形が教えてくれます。自然を理解し、自然の営みと災害を考えて生活することが大切です。

いろいろなハザードマップを見てみよう

大雨が降ったら？　洪水の予測地域を知る

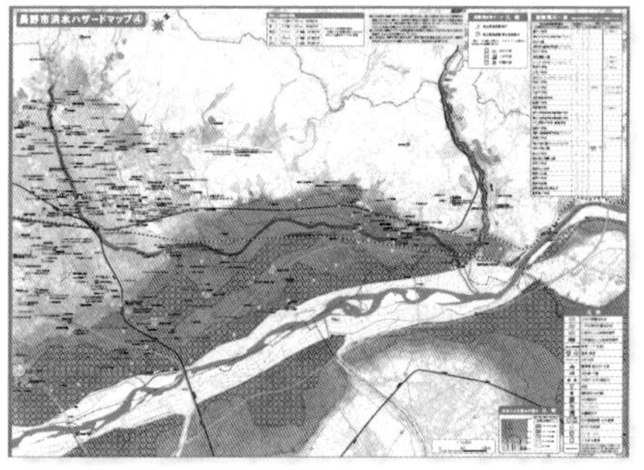

洪水ハザードマップ
（長野県長野市）

ピンク色が濃いほど深い浸水が予想されている。

洪水による浸水の深さ　凡例

千曲川・犀川・鳥居川・浅川・裾花川
想定最大規模降雨（L2）

- 10.0～20.0m未満
- 5.0～10.0m未満
- 3.0～5.0m未満
- 0.5～3.0m未満
- 0.5m未満

20.0m / 10.0m / 5.0m / 3.0m / 0.5m

地震がきたら？　津波の予測地域を知る

津波ハザードマップ
（神奈川県鎌倉市）

津波でどれくらいの浸水発生が予測されるか、避難場所や津波時の緊急避難ビルなどの場所を表示。

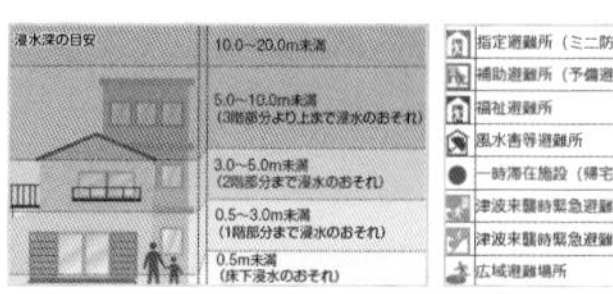

噴火したら？　火砕流などの予測地域を知る

2000年の噴火のとき
ハザードマップを使った
避難が適切に行われ
人的な被害が
避けられたんだよ

火山ハザードマップ
（北海道伊達市）

山頂で噴火する場合と山腹で噴火する場合に分けて、火砕流、噴石、土石流などがどのように発生するかを予測。

豆知識

東日本大震災は、想定していたより大きな地震が起こり、予測をはるかに上回る巨大な津波が押し寄せました。そのため、ハザードマップ上では津波が到達しない予測だった地域でも、大きな津波に襲われたのです。

COLUMN 2

地形調査の7つ道具

自然の営みを知るためには、地形の調査が欠かせません。地形の細かい特徴や地面の下の地層の状態を、現場でコツコツと地道に調べるときに役立つ7つ道具をご紹介します。

1 クリノメーター

地形や地層の方向や傾きを測る道具です。

2 カメラ

スマホのカメラは撮影位置や日時を自動的に記録してくれるので便利です。

3 野帳（フィールドノート）

A4の1/3くらいの縦長サイズのノート。丈夫な表紙がついていて立ったまま字を書きやすいのが特徴です。

4 2万5千分の1地形図

地形の凹凸を等高線で詳しく表現している地形図は必須アイテムです。

5 ハンドレベル

目の高さを使って地形の高さを測る道具。水平を確認することができます。

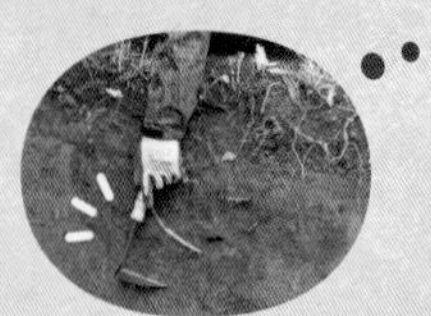

6 ねじり鎌

庭の草取りに使う普通の鎌。土の表面を削ったり、鎌先で土を触って土の性質を確かめたりするのに使います。

7 自分の眼

一番大切な調査道具は、調査者自身の眼です。地理学では、現場を直接見ることにまさる方法はないのです。

CHAPTER 3

すごすぎる暮らしと地理

私たちの日常生活は、地理とどのように結びついているのでしょうか？
ここで紹介するトピックはほんの一例ですが、私たちの暮らす社会のあらゆる背景に地理的な要因があることがわかります。

景色を地理的視点で眺めてみると？

窓から外を見てみましょう。何が見えるでしょうか。空や立ち並ぶマンション、遠くに山があったり、目の前に田んぼが広がっているという人もいるかもしれません。

私たちの暮らしは、地域の自然環境や歴史だけではなく、近隣や遠く離れた他の地域との関係など、さまざまな要素が複雑に絡み合って、いまの姿をしています。

私たちの暮らしを注意深く観察してみると、どこに住んでいても同じようなものもありますし、住んでいる地域や場所で大きく違うものもあります。これを普遍性（どこでも同じこと）と地域性（その場所に独特なこと）といいます。この普遍性と地域性を導き出すことは、地理学を学ぶうえで重要なテーマのひとつです。

ふと見た景色におもしろさを感じたら、そう感じた点はどんなところなのか、どうしてそのような景色になっているのかを探ってみませんか？　左のページでさっそくやってみましょう。

写真を観察して、気づいたことをまとめてみよう

解説は
P84～85

① 京都府伊根町

② 高知県四万十市

③ 島根県津和野町

④ 埼玉県入間市

⑤ 東京都墨田区／文京区

豆知識

旧版地図（昔の地図）や過去の航空写真には、かつての自然と人が織りなした景色が記録されています。旧版地図は「今昔マップ」、航空写真は「地理院地図　年代別の写真」で検索すると見ることができます。

写真を観察して、気づいたことをまとめてみよう　解説編

① 京都府伊根町

周囲を崖に囲まれていて平地が少ないため、日常の移動手段として船を使用していた。一家に一艘の船があったともいわれる。

2階部分が住居になっている点が、伊根町の舟屋の特徴。

1階が海の上にあって、船が直接入れる。

この地域は伝統的建造物群保存地区になっています。舟屋というのは、船を海から引き揚げて風雨などから守るためのガレージを備えた家屋のこと。

四万十川は四国最長の川で、本流には大規模なダムがなく、水量も多く清流としても有名。一方で水を貯めることができないため、大雨が降れば洪水になるほど水位が上がってしまう。

② 高知県 四万十市

四万十川にかかる沈下橋のひとつ。欄干をつけずあえて水面に近い低い場所にかけることで、大雨のときに欄干や橋げたに流木がひっかかったり、水の勢いに負けて流されたりするのを防いでいる。

一般的な橋にはある欄干（手すり）がない。

沈下橋は、水面と近いので、生活道路としてだけではなく、川遊びの際にも利用しやすい。

④ 埼玉県入間市

埼玉県入間市の茶畑。周辺にはたくさんのファン（扇風機）が設置されている。茶どころとしては比較的気温が低いこのエリアでは、このファンが茶の栽培に不可欠な施設となっている。

茶の新芽の収穫期である春先は、放射冷却によって、茶の新芽が霜の被害を受けることがある。この防霜ファンで地上と上空の空気をかき混ぜて、茶の新芽を霜害から守っている。

入間市は狭山茶の産地として有名。埼玉県の茶畑の広さは日本でも有数を誇る。

③ 島根県津和野町

多くの家で赤茶色の石州瓦が使われている。この瓦は、江戸時代初期からつくられている。

家の屋根には石州瓦（島根県石見地方の特産品）が使われていて、赤茶色が目立つ。石州瓦は非常に硬く温度変化に強いため、雪の多い山陰地方を中心によく使われている。

近年では、鉄筋コンクリートの住宅など、多様な形態の建物が見られるように。そのため、これまで石州瓦の屋根の多かった地域の景観も変わりつつある。

⑤ 東京都墨田区／文京区

左は東京都墨田区、右は東京都文京区の写真。同じ東京都内でも、文京区や港区のような坂の多い地域（山の手）と、墨田区や江東区のようなほぼ平坦な地域（下町）がある。山の手と下町は地形が異なるが、その違いは土地がどのようにしてできたのかを表している。

下町は1,000年ほど前まで海だったところに、川が運んだ土砂で平らに埋められてできた土地。海抜0m以下の地域も多い。

山の手は10万年ほど前につくられた土地で、その後長い間に削られて地形が凸凹になった。坂や谷が多いのが特徴。

豆知識

山地や海岸など風が強い地域では、枝や葉が一方向だけに伸びた偏形樹という木が見られます。風の影響で枝や葉が風下側だけに伸びるのです。偏形樹を観察することで、局地的な気候を調べることができます。

CHAPTER 3

35

暮らしと地理

東京の地下鉄は地上を走ることも多い

東京都内を走る地下鉄は全部で13路線あり、都心部の建物や道路が密集した地域でも、地下を走り抜けてくれるのでとても便利です。その中に、〝地下〟鉄なのに地上を走るところも意外とあります。

その理由は、路線の末端で他の路線と接続するためや、大きな川を鉄橋で越えるため、都心から離れて地上での鉄道建設が容易だったためなど。これらの理由以外では、銀座線や丸ノ内線などは地形的な要因でたまに電車が地上を走ります。

東京の山の手台地は、数万年前までに主に多摩川の扇状地として形成されたもので、その後、台地の上を流れる川が侵食して谷ができた凸凹の多い地形です。銀座線、丸ノ内線など初期の路線は比較的浅い地下につくられたので、地形の影響を受けて谷部分で地上に出ます。丸ノ内線の茗荷谷駅〜後楽園駅は、このような谷に沿って走る区間です。また渋谷駅周辺は渋谷川が削った谷地形になっていて、銀座線が渋谷駅に着くと、そこはなんと地上3階なのです。

東京の凸凹地形を走る地下鉄

丸ノ内線

荻窪駅から池袋駅までの地形断面図と線路の標高

池袋駅〜茗荷谷駅は地下を、茗荷谷駅〜後楽園駅は谷の上を走っている。浅い地下を走るから地上にも出ることがある。

後楽園駅では、駅ビルの2階部分に車両が出入りする。右の写真は御茶ノ水駅周辺。

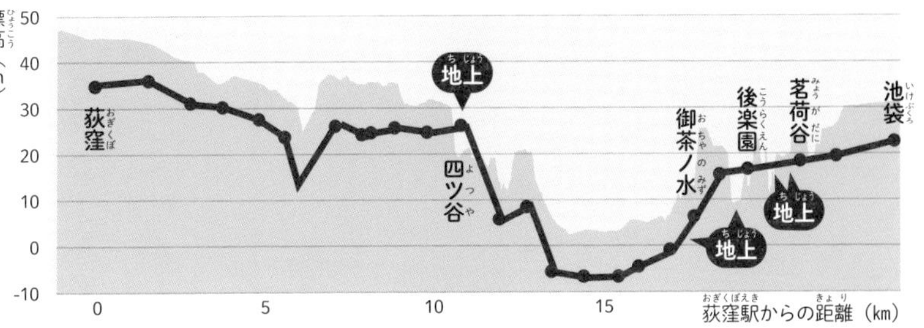

銀座線

渋谷駅から浅草駅までの地形断面図と線路の標高

始点の渋谷駅は谷の上だが、終点の浅草駅は標高0m以下。都心の台地と低地がよくわかる。

渋谷駅を出た車両は商業施設の脇を通り、そのまま地中に入っていく。

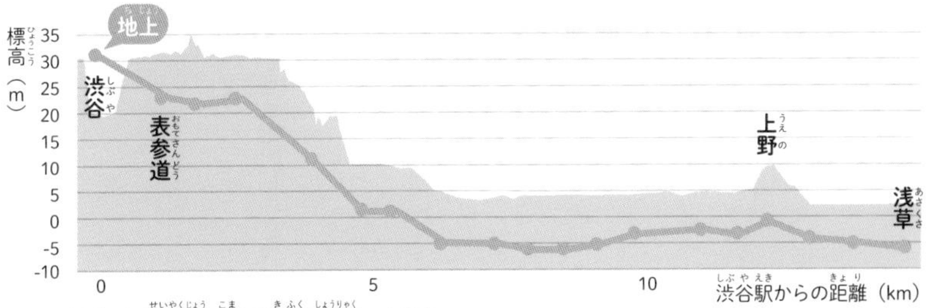

※データの制約上、細かな起伏は省略しています

豆知識

日本の地下鉄でいちばん深い場所にある駅は、都営地下鉄大江戸線の六本木駅（地下42.3m）です。大江戸線は、2000年に全線開業した新しい路線で、他の路線やさまざまな地下施設を避けるため深いのです。

CHAPTER 3
36
暮らしと地理

地形の特徴は海産物からわかる！

さまざまな海底地形が生み出す海産物

伊勢湾

▲アオサノリ養殖

▶アオサノリ

深さ：平均水深16.8m　主な漁法：ノリ養殖、船びき網漁など　獲れる魚名：イカナゴ、カタクチイワシ、マアナゴ、マコガレイ、シロギスなど

室戸岬沖

深さ：東部海岸から2,200m沖で一気に水深1,000mに。太平洋の深海の水が陸棚にぶつかり湧き上がる海域がある　主な漁法：定置網漁、サンゴ漁、キンメダイ漁、一本釣りが盛ん　獲れる魚名：キンメダイ、ブリ、ハガツオ、アコウダイなど

▲室戸岬

▶キンメダイ

海に囲まれた日本では、昔から海産物をたくさん利用してきました。これらの海産物の種類は、じつは地形と密接に関係しています。

日本はプレート（P142）の境界付近に位置しているため、プレートが沈み込む周辺などでは水深がとても深くなっています。例えば、静岡の駿河湾や高知の室戸岬沖には深海魚のキンメダイが生息していて、新鮮なキンメダイを朝獲ってその日のうちに食べる

▲駿河湾より富士山を望む

駿河湾

▲タカアシガニ

深さ：最深部は2,500mで、日本一深い湾　**主な漁法：**トロール網を沈める底引き網漁が有名　**獲れる魚名：**シラス、アジ、サバ、ムツなど。カサゴ、ゴソなどの深海魚も。サクラエビは、日本で駿河湾などに生息

有明海

▼ムツゴロウ

▲有明海のノリ漁

深さ：平均水深約 20m　**主な漁法：**一本釣り、延縄漁、曳き網漁、定置網漁、巻き網漁など　**獲れる魚名：**クチゾコ、コノシロ、スズキ、シバエビ、ワラスボなど

東京湾

▲アナゴ

▲東京湾から東京方面を望む

深さ：最深部は 700m、平均水深約15m　**主な漁法：**藻類養殖、採貝、底びき網漁など　**獲れる魚名：**マアナゴ、コノシロ、サヨリ、ボラ、カサゴ、メバル、アイナメなど

ことができます。駿河湾には深海性のタカアシガニも生息しています。

一方、内海や内湾は、比較的波が穏やかで、水深が浅くイカダ養殖に向いています。瀬戸内海や伊勢湾のカキ養殖、三重県の英虞湾の真珠の養殖なども内湾で行われるイカダ養殖です。九州の有明海や伊勢湾ではノリ養殖が盛んに行われています。東京湾もかつてはノリ養殖が盛んでした。このような湾では、川から流入してきた土砂が海流に流されることなく溜まるので、泥地を好むキスやハゼ、アナゴも獲れます。

海の地形がさまざまであることから、海産物の多様性が生まれるのです。

豆知識　富山湾は急峻な地形で、ホタルイカやシロエビはこの地域で獲れる海産物です。有明海は干潮と満潮の海水位の差が大きい内湾で、泥地を好むムツゴロウやワラスボが生息しています。

瀬戸内海の風待ち、潮待ちの港

波が穏やかなことで知られる瀬戸内海。風が止まる凪の時間帯は、海面が鏡のようになることもあります。内海なので太平洋や東シナ海などの外洋と比べると波が穏やかですが、潮の満ち引きで1日に2回潮流が変わります（**転流**）。潮流がぶつかるところでは瀬戸内海の島々や複雑な海底地形の影響も相まって、船が飲み込まれるほどの激しい**渦潮**が発生します。

大型化・動力化される以前の船はほとんどが木造で、推進力といえば人力（船を漕ぐ）・風・潮の流れに頼っていました。そこで、安全に航行できる風や潮の条件が揃うのを待つ**風待ち**、**潮待ち**をする港がありました。

これらの港は地形的に、**ラグーン**（潟湖）（明石、牛窓）、内陸輸送との結節点となる大河川の**河口**（川尻、宇多津）、入江や小さめの**湾**（鞆の浦、日比）などの特徴があります。さらにはヒト・モノ・情報の集まる場所として、廻船問屋、酒蔵などが立地し、**港湾都市**として発展しました。

時代によって変わる航路

備前
牛窓
下津井
讃岐
阿波

❶ 中世（1389年頃）の地乗り航路
❷ 近世・芸州灘の地乗り航路
①1389（康応元）年頃と②近世は、陸岸を見ながら沿岸部を航行する手法（地乗り）がほとんどだった。
❸ 近世・伊予路の沖乗り航路
船の帆走能力が向上すると、陸が見えない沖合を進むようになり（沖乗り）、立ち寄る港も変わっていった。

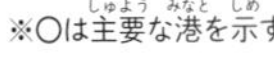
※○は主要な港を示す

大鳴門橋と鳴門の渦潮。鳴門海峡の南北に生じる潮位差と複雑な海底地形が渦潮を発生させる。

風待ち・潮待ちの港のひとつ鞆の浦（広島県）。海へ続く階段（雁木）によって、潮の満ち引きで海水面の高さが変わっても船が停泊できる。

PICK UP 帆の発達の裏には北前船

船の動力が手漕ぎから風力に変わると、帆掛け船の「帆」も目の粗い筵帆から木綿の刺帆、織帆へと強度が上がり、強い風にも耐えられるようになった。それを支えたのが北前船(P102)の発達。瀬戸内海では元々綿花の栽培が行われていたが、北前船で北海道から肥料のニシン粕等が届くようになり、綿花の生産量が増え、帆を商業用の船に利用できるようになった。

豆知識

「日本三大潮流」はすべて瀬戸内海にあります。鳴門海峡（徳島県鳴門市）、来島海峡（愛媛県今治市）、源平合戦で有名な壇之浦（山口県下関市）の関門海峡の3つです。

おばけや妖怪を地図で分析すると見えてくるモノ

おばけが出没するとされる場所を地図で見てみると、昔といまとではだいぶ違うことがわかります！

おばけや妖怪（以下「怪異」）が目撃されたとされる場所を大正時代（昔）と2018年（いま）に分けて地図で表してみました。昔は街中や田んぼなど身近な場所で目撃されていた怪異も、いまは都市から離れた山のなかなどに変わっています。目撃情報自体も、昔は自分で見聞きしたものが多かったのですが、いまは噂話として聞いたものが増えています。また、怪異の内容を比べると、昔は妖怪や動物霊、火の玉など、姿かたちもさまざまでしたが、いまでは人間の幽霊が多くなっています。

科学技術や経済が発達し、山林も切り開かれ、**人の住む空間が広がりました**。夜も街灯などの照明で街が明るくなり、おばけや妖怪がいそうな暗闇も少なくなってきました。地理的に分析してみると、おばけや妖怪も、住処を追われてちょっとかわいそうに思えてきますね。

怪奇現象を昔といまで比べよう！

目撃情報の特徴		昔	いま
語り手の話し方	実体験	○	
	伝聞		○
怪異の特性	見える	○	
	性別がわかる	○	
	姿が変わる	○	
	こちらから働きかけられる	○	
怪異の類型	幽霊		○
	妖怪	○	
	動物霊	○	
	神	○	
	異人		
	火の玉・首	○	
	その他		
場所	公園		○
	ダム		
	トンネル		○
	野山	○	
	水辺（海辺含む）	○	
	寺社・火葬場・墓地	○	
	道路		
	橋		
	田園	○	
	城址		
	人が住んでいる建物	○	
	廃墟や空き家		○

U検定で見る昔といまの目撃情報

○の項目は、もう片方よりも多く登場することを示している。空欄は頻度に差がないもの。「U検定」とは、2つの集団（この場合、昔といま）の間に現象の違いが見られるのか、その頻度と順位から検証する統計手法のこと。

※上記は怪異の目撃情報をまとめたもので、怪異の存在の真偽に確証はありません

昔といまのおばけ目撃場所（富山県）

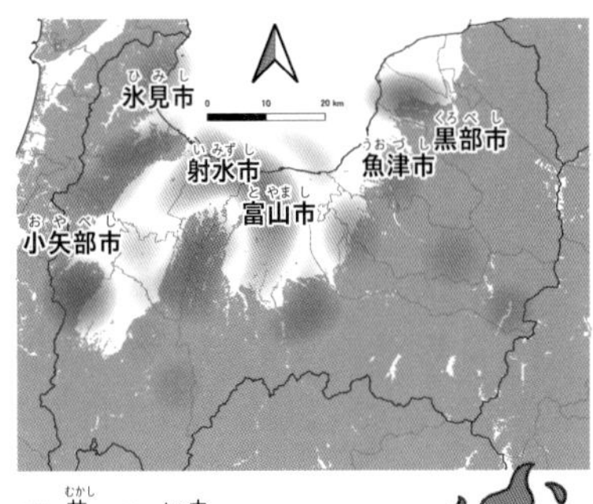

昔　いま

緑の部分は森林。街中から離れた森林で目撃されている。

富山市の街の移り変わり

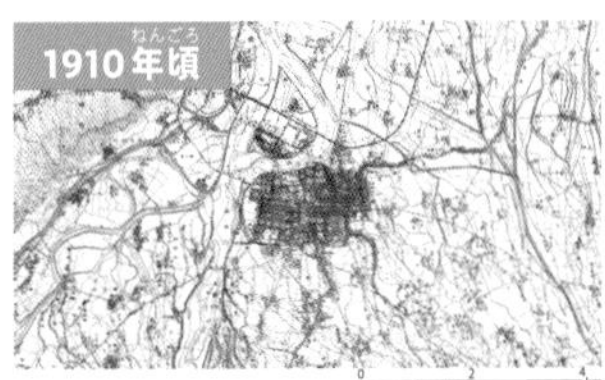

中心部の黒い部分は市街地。同じ街中といってもいまよりずっと規模が小さい。

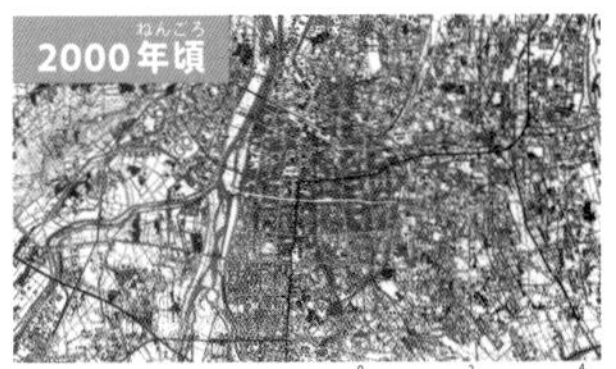

畑や田んぼが街に変わった様子がよくわかる。

豆知識

上の図では目撃場所のみを示していますが、インターネットやGISのデジタル地図では、地図上の目撃地点をクリックすると、そこでの関連情報を種類別に登録したり、欲しい情報のみ示すことができます。

「カタツムリ」の呼び方で出身地がわかる!?

デンデンムシとカタツムリは同じものの呼び名ですが、みなさんはどちらを使いますか。これにもじつは、**地域性と規則性**があるのです。

近畿ではデデムシ（デンデンムシ）、中部ではマイマイ、関東ではカタツムリ、東北北部ではナメクジと呼ばれてきました。近畿から南西方向にも、同じ順番で、マイマイ、カタツムリ……と並びます。

左上の地図を描いた民俗学者の柳田國男は、言葉は文化の中心である京の都から、円形状にどんどん広がって伝わるとする**「方言周圏論」**を提唱しました。言葉は時代とともに変化することから、京都に近いほど新しい言葉で、周辺ほど古い呼び名が残っていると考えました。

都で生まれた新しい言葉は、年間約６００ｍから１㎞ほどの速度で周辺部に**伝播**していったと考えられています。京都から東京までの道のりは約５００㎞ですので、都の言葉が江戸に定着するのには、なんと５００年以上もかかることになるのです。

京の都が発信地となった方言の例

この生き物をなんと呼ぶ?

カタツムリの歩く速度は秒速1mmくらい。新しい言葉はカタツムリよりもゆっくり広がっていったことになるんだよ

カタツムリの方言マップ

都から遠いほど、古い呼び名が残っているカタツムリ。現在では、テレビやインターネットが普及したことで、標準語が全国に伝わって、新しい流行語はすぐに広がる。しかし、方言は祖父母、両親から子どもへと伝承され、地域にいまも根づいている。

関東地方では「カタツムリ」。地域によって呼び方が違う。

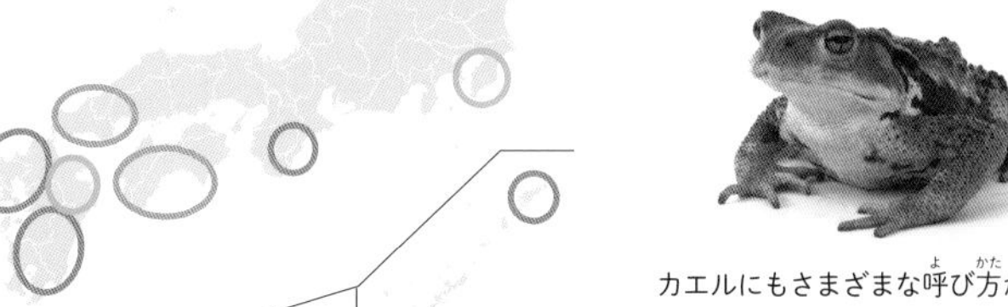

カエルの方言マップ

カエルは、カタツムリと同じように日本の中央部では「カエル」類が、東北や紀伊半島南部、九州といった周縁部では「ビッキ」類が使われている。千葉では「アンゴ」、大分では「ワクド」と固有の方言が見られる。

カエルにもさまざまな呼び方がある。

豆知識

「方言周圏論」が当てはまる言葉は、じつはあまり多くありません。言葉のきまりに厳しくなく、ほかの地域との交流が少ない地方では、言葉が独自に変化したとする「孤立変遷論」などもあります。

お正月のご馳走・お雑煮でわかる日本の食文化

みなさんの地域では、お正月にどんなご馳走を食べてお祝いしますか？　じつはこれにも**地域差**があるのです。

お正月料理の定番といえばお雑煮。お雑煮は餅を入れた汁物ですが、餅のかたちが角餅と丸餅の地域に分かれます。丸餅地域ではほかの食材も丸く切ることが多く、「角が立たないように」という縁起の意味も込められているようです。一部の丸餅地域では、小豆あん入りの丸餅を入れます。

そしてお雑煮の汁にも地域差があります。大きく、すまし汁、味噌仕立て、小豆汁仕立てに分けられます。これらの組み合わせによって、地域ごとにさまざまなバリエーションがあるのです。

また、お正月といえばどんな魚を思いうかべますか？　大きく分けて、東日本では低い水温を好むサケ、西日本ではブリを食べます。この境界は天竜川〜松本市〜新潟県の西頸城郡から佐渡島のようです。

こうやって調べてみると、地域ごとの特色がよくわかりますね。

全国お雑煮・正月魚MAP

新潟県の佐渡島や山形県の庄内地方は、ところどころで丸餅圏。これは北前船（P102）が寄港していた影響だといわれている。

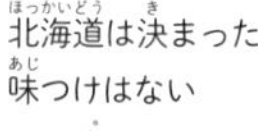

北海道は決まった味つけはない

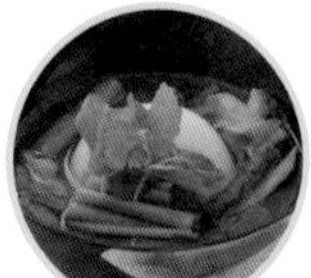

山形雑煮
山形県酒田市

北前船の停泊地で京都の影響

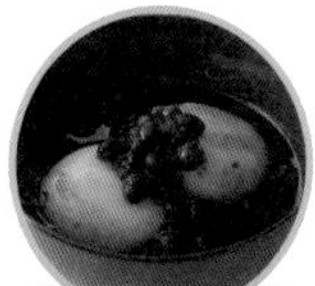

鳥取小豆雑煮
鳥取県鳥取市ほか

甘いぜんざいのような雑煮

具雑煮
長崎県島原市

鍋のように具だくさん

角餅・丸餅の境界線

ブリとサケの境界線

こづゆ雑煮
福島県会津若松市

干し貝柱の出汁

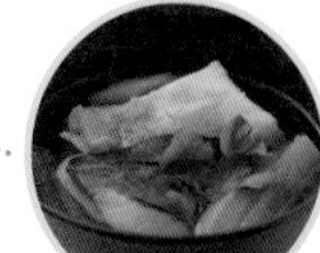

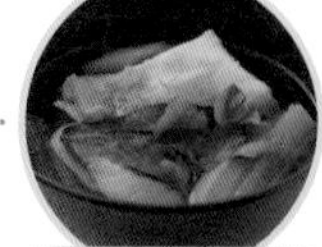

塩ブリ雑煮
長野県木曽地方

富山県の塩漬けブリを使用

沖縄では雑煮を食べる習慣がない

薩摩雑煮
鹿児島県出水市ほか

焼きエビとシイタケの出汁

あん餅雑煮
香川県高松市・坂出市

あんこ入り餅でいりこ出汁・白みそ

すまし汁
味噌仕立て
小豆汁仕立て

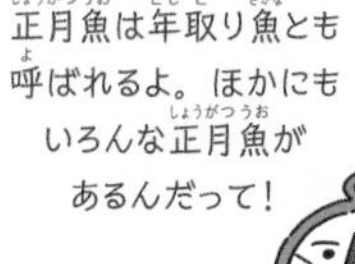

正月魚は年取り魚とも呼ばれるよ。ほかにもいろんな正月魚があるんだって！

PICK UP ブリ圏とサケ圏

大きく分けて東日本では冷水性の魚であるサケ、西日本では暖水性のブリを食べる。その境界は、糸魚川－静岡構造線と呼ばれる大断層あたりで、新潟県の多くはサケだが佐渡と西頸城郡ではブリ、長野県は長野市など北東部ではサケだが、松本より西はブリ、静岡県では天竜川より東はサケだが西がブリとなっている。

豆知識

最近、海水温の上昇により魚の生息場所や水揚げ地域が変化しつつあります。日本ではサケが獲れる場所が減少し、ブリが増える可能性が指摘されています。お正月に食べるものも変化するかもしれませんね。

塩の道、砂糖の道、鯖の道ルート選びは必然だった！

日本各地には、さまざまな食材を運ぶために使われていた道があります。

これらの道を観察してみると、**活断層沿い**や、**低地**、**平野部**など、山がちな日本の中の**歩きやすい場所を選んでいる**ことがわかります。そのひとつが千国街道、別名塩の道。新潟の糸魚川から長野の松本に至る道で、ここは**糸魚川ー静岡構造線**と呼ばれる断層が日本を南北に縦断する場所です。

砂糖は、江戸時代の日本は鎖国していましたが、長崎の出島では、オランダと交易をしていました。18世紀中頃から砂糖が大量に輸入されるようになり、出島から長崎街道を通って福岡の小倉まで運ばれました。これが**シュガーロード**です。

若狭湾の港町から京都まで魚介類を運んだ道は鯖街道と呼ばれ、そのひとつである福井の小浜と京都の大原を結ぶ**若狭街道**は、小浜から保坂が熊川断層、保坂から大原が**花折断層**と一致します。断層の活動でもろくなった岩盤は削りやすく、そこに道を整備したためだといわれています。

断層は道をつくってくれた

1 塩の道

千国街道

塩の道は、糸魚川－静岡構造線の断層に沿ってできた道だった。

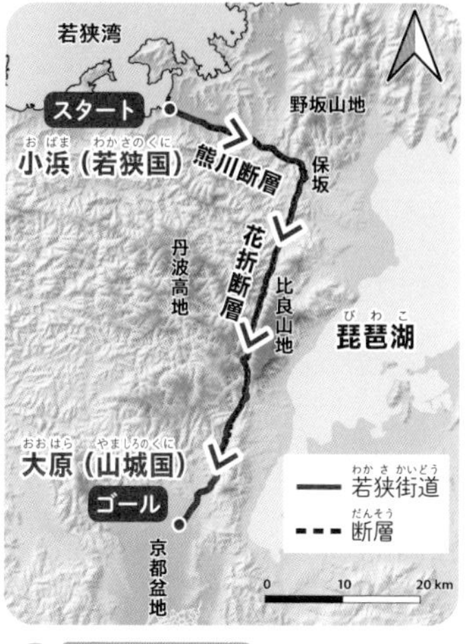

2 鯖街道

若狭街道

若狭街道は、比良山地と丹波高地間の花折断層上につくられた。

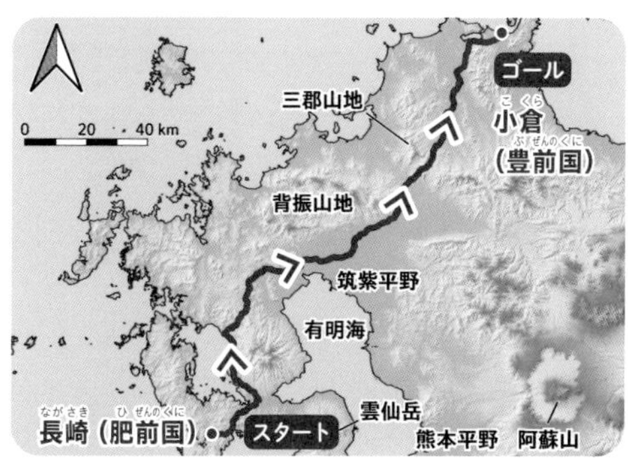

3 シュガーロード

長崎街道

海外から砂糖や菓子の技法などが流入し、銘菓も生まれた。

※海岸線は近世末期の状態を復元したものです。

信濃国に運ばれた塩は、日本海側からのものは「北塩」、太平洋側からのものは「南塩」と呼び分けられました。長野県の塩尻という地名の由来は、一説によると塩の道の末端という意味があるともいわれます。

海がないのになぜか寿司店が日本一多い山梨県

山梨県は人口あたりの寿司店の数が全国でいちばん多く、2016年現在人口の多い東京をも抑えて10万人あたり30・54軒です。海がないのに、どうして寿司店が多いのでしょうか。

理由は諸説ありますが、そのひとつに、「魚尻線（海岸から徒歩で生魚を腐らせずに届けられる最も遠い地点）だから」というものがあります。冷蔵技術も未発達で、自動車や列車のなかった時代、海で獲れた魚は人力で内陸に運ばれていました。運搬は時間との勝負。運べる範囲も限定的です。駿河湾に面する静岡の富士市から山梨の甲府市まで続く道「中道往還」は、港町から内陸に生魚を運んでいた道のひとつです。魚尻線にあたる甲府に運ばれた生魚は新鮮とはいえません。そこで酢でしめたりしょうゆに漬け込んだりして、お寿司のネタとして提供することも多かったようです。

山梨県にはこのような食文化が根付いており、そのため寿司店が多いのだといわれています。

山梨県に寿司店が多い理由

駿河湾と甲府をつなげた中道往還

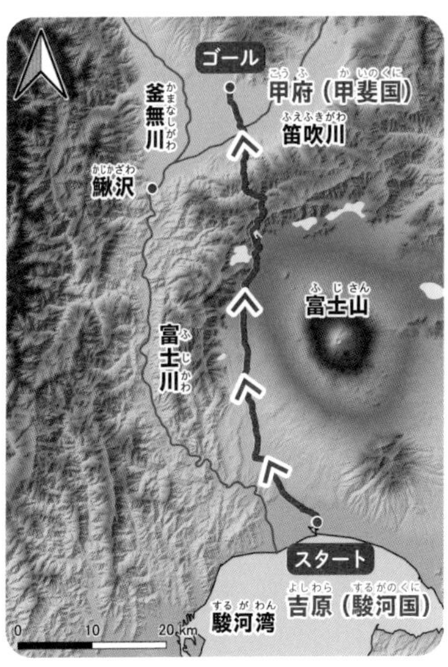

海の魚を腐らずに届けられる限界地点の魚尻線にあたることが、山梨の寿司文化を生んだ。ただ、日持ちする塩や干物などは急いで輸送する必要がなく、また多く荷積みできる船を使った富士川の水運（下流から上流に運ぶのに約4日、上流から下流に運ぶのに約8時間）を利用していた。鰍沢には荷の積み下ろし基地（鰍沢河岸）が設置された。

都道府県別人口10万人あたり寿司店数

順位	都道府県	寿司店総数(軒)	10万人あたり
1	山梨県	255	30.54
2	石川県	346	29.98
3	東京都	3620	26.78
4	福井県	183	23.26
5	静岡県	850	22.97
6	富山県	244	22.88
7	北海道	1229	22.84
8	新潟県	517	22.44
9	長崎県	302	21.93
10	秋田県	224	21.89
	全国	24069	18.94

この中で海がない県は山梨だけ！　しかも第1位！

煮切り（甘タレ）が特徴の甲州にぎり。

PICK UP 港町の郷土食の裏に魚尻線

港町のなかには、日持ちする干物や乳酸発酵食品、水産練り食品などに加工して遠くまで運んだ食品が郷土食や名産品としていまも残っているところがある。

富山県：かぶら寿司（ブリ）
福井県：へしこ（サバ）
静岡県：黒はんぺん（サバなど）

豆知識

江戸時代には、甲府に運ばれてきた生魚は甲府城下町の魚問屋に集められ、そこから甲府盆地の各地に運ばれました。いまの甲府市中央の旧町名は魚町。ここに1892（明治25）年に甲府魚市場がつくられました。

うどんつゆの味と色が東西で全然違うのは……

「関西のうどんつゆは薄すぎる」「関東のうどんつゆは、真っ黒で塩辛いだけ」と度々話題になり、その味やつゆの色は関東・関西で違います。その理由は、江戸時代の航路に鍵がありました。

17世紀後半、**西廻航路**・**東廻航路**が開拓されました。当初の東廻航路は東北地方から江戸に向かい、西廻航路は東北地方の年貢米などをのせて天下の台所・大坂（現在の大阪府大阪市）を経て江戸に向かうルートでした。航路を北は蝦夷地（現在の北海道以北）に延ばした**北前船**は、蝦夷地で特産の昆布、ニシン粕などを買い付け、下関を経て大坂に向かいます。昆布は、以前から交易のあった新潟、敦賀などの寄港地で順次降ろされたり、瀬戸内海、大坂の食卓に浸透していきました。

一方、江戸の庶民の食卓にまでは昆布が十分行き渡らず、関東は醤油ベースのつゆ、関西は昆布ベースのつゆとなりました。船が戻る際は大坂や京の絹織物などが輸送され、**寄港地では京文化が取り入れられました。**

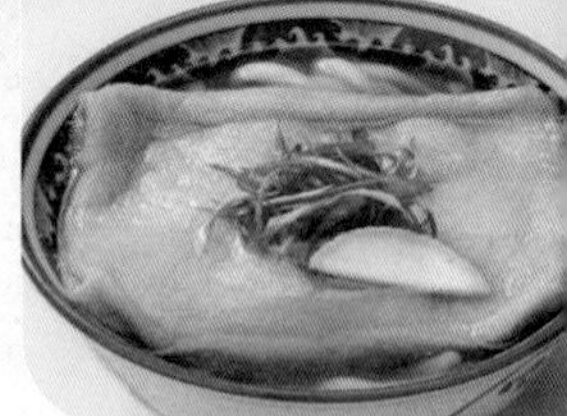
▲関西のきつねうどん

北前船の航路と主な寄港地

北海道（蝦夷地）

昆布、アワビ、ニシン、サケなど特産品の宝庫。またアイヌ民族の工芸品も高値で売れた。瀬戸内海から蝦夷地に運ばれた塩で、**塩蔵品（塩サケ・塩ニシン）**がつくられるようになった。塩サケも北前船が育んだ食文化のひとつ。

西廻航路（17世紀）
西廻航路（18～19世紀）
西廻航路（17～19世紀末）
東廻航路

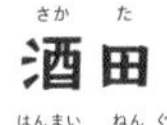

酒田

藩米（年貢米）を運ぶため、1672（寛文12）年幕命を受けた河村瑞賢が、酒田から下関経由で大坂、江戸に向かう航路を開拓。西廻航路によって、北前船による交易がますます盛んになった。

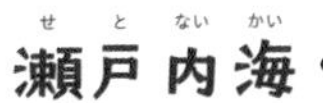

瀬戸内海

遠浅で日照時間が長く温暖な気候を活かし、江戸時代には「十州塩田」と呼ばれた塩の一大産地となった。また蝦夷地から堆肥となるニシン粕が瀬戸内海（大坂を含む）に運ばれ、綿花を広範囲で栽培できるように。塩・綿花製品は北前船の東北・蝦夷地向けの主力製品となった。

敦賀

西廻航路以前は、ニシン粕など蝦夷地の産物は敦賀や小浜で陸揚げし、陸路で琵琶湖へ。北岸から南岸へ船で渡し、さらに京・大坂へと運んでいた。船（海上）・陸・船（湖上・河川）・陸と、度重なる積み替えによるコストが大きく、また1回の輸送量も限られていた。

豆知識

東廻航路は、潮の流れに逆らって江戸に入るため、当時の航行技術では危険を伴いました。西廻航路は日本海が荒れる冬季以外は比較的穏やかで、北前船が頻繁に行き来する主要な航路となりました。

「うどん県」があるなら「そば県」もある？

讃岐うどんが有名な香川県は、自県を「うどん県」としてPRしています。では「そば県」はあるのでしょうか。うどん店やそば店の数を調べてみると、東日本や山陰地方はそば店が多く、西日本や北関東ではうどん店が多いことがわかります。

「うどん県」の香川は、雨が少なく、乾燥した瀬戸内の気候の地域で、冬季も雨が少なく温暖です。そこで二毛作の稲の裏作として、うどんの原料である小麦をつくってきました。同じようにうどん店の軒数2位の群馬県は、冬季にからっ風が吹いて乾燥します。土壌の水はけがよいところが多く、小麦の栽培に向いています。

人口あたりのそば店が最も多い長野県は戸隠そばで有名です。長野は火山灰でおおわれた土壌で水はけがよく、霧が発生しやすい土地が多く、斜面も多くて稲作に適しません。反面、そばの栽培には向いています。

「そば県」と名乗ることはなくとも、うどんもそばも、地域の風土を活かしてつくられてきたことがわかります。

うどん派？ そば派？ 材料をつくる地域が有名に！

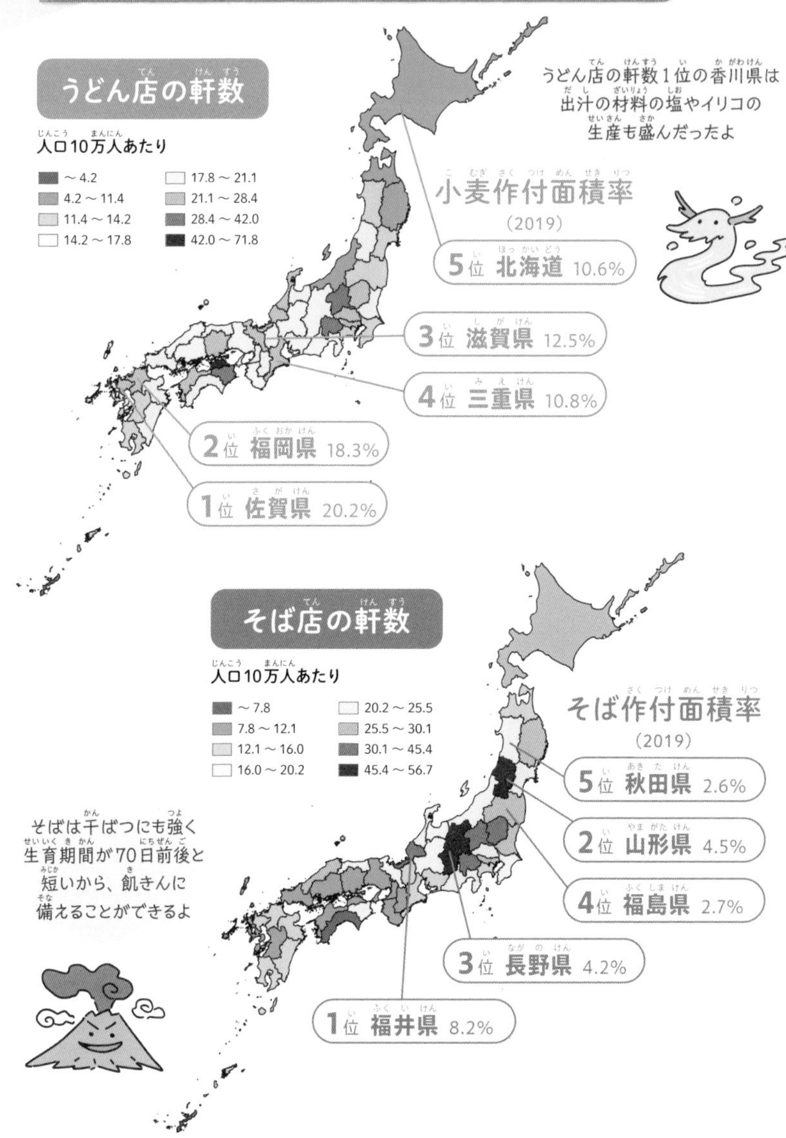

豆知識

福岡県や伊勢（三重県）もうどんが有名。これらの地域の麺は柔らかいのが特徴。福岡は商人に、伊勢は伊勢神宮の参拝者に素早く提供するため、ゆでておいたり、鍋のなかでゆで続けたためだといわれています。

食卓の食べ物はどこからやってくるのか

私たちが普段食べているものは、どんなところでつくられ、どのように運ばれてくるのか考えたことがありますか？冷蔵庫にある、さまざまな食べ物の産地を見てみましょう！

1980年代以降、冷蔵・輸送技術の発達によって、野菜や果物は鮮度を保ったまま大量に輸送できるようになり、輸入も拡大しました。1960年代には、ほぼ100％だった野菜の自給率(重量ベース)が、近年では80％ほどに。日本の果物が海外へ輸出されることもあります。

産地の中には、地域の気候を活かして、ほかの地域では生産しにくい季節に出荷するところがあります。こういった出荷時期の住み分けは、**産地リレー**と呼ばれます。

キウイフルーツはニュージーランド産が有名ですが、南半球で収穫できない時期は、国産のものが出回ります。レタスは国内でも標高などによってつくれる時期が違います。このようなリレーによって、野菜や果物が一年中安定して供給されるのです。

一年中さまざまな野菜や果物が並ぶヒミツ！

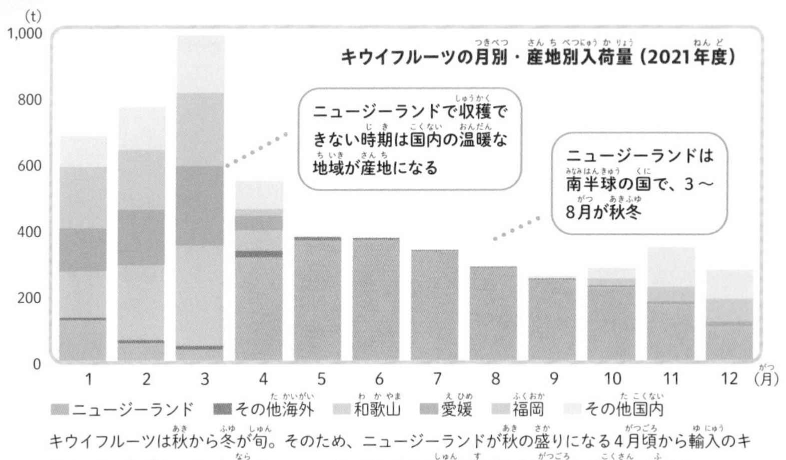

キウイフルーツは秋から冬が旬。そのため、ニュージーランドが秋の盛りになる4月頃から輸入のキウイフルーツがスーパーに並ぶ。ニュージーランドでの旬が過ぎる10月頃から国産が増える。

やってみよう！ 冷蔵庫の中身の産地チェック

用意するもの

冷蔵庫、白地図、えんぴつ、色えんぴつ

❶ 冷蔵庫から産地がわかる食品を出す

パッケージに産地が書かれている食品を出してみよう。
例）北海道・牛乳／高知・ナスなど

❷ 白地図でパッケージに書かれた都道府県に食品名を書き込もう

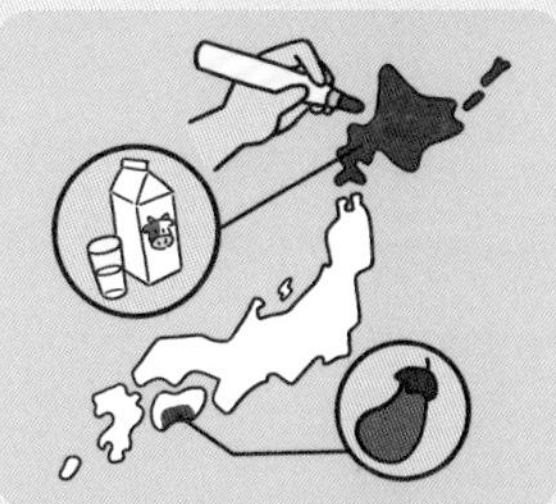

パッケージに書かれた都道府県に色を塗り、食品名を書き込もう。

❸ 全ての食品を書き込んだら完成！

47都道府県のうち、いくつ塗ることができたかな？

豆知識

野菜や花の産地では、温暖な平地で発芽した苗を涼しい高地に移し、また平地に戻し、苗の成長を促進させることもあります（山上げ栽培）。近年ではこれに代わり、ビニールハウス栽培がよく利用されます。

工場の立地も地理的に分析すると理由がわかる！

工場はなぜその場所につくられるのでしょうか。消費地への近さ、輸送費、敷地の費用など、さまざまな理由がありますが、ここでは輸送費の観点から考えてみましょう。

セメント工場を例に挙げます。建物や道路に使われるコンクリートのもとになるセメント。主な原料は石灰石です。全国の主要なセメント工場は、西日本を中心に石灰石がとれる鉱山の近くにあることがわかります。

理由は原料の重さと製品の重さの差。セメントは製造の過程で乾燥や焼成をし、軽くなるため、加工してから運んだ方が輸送費を抑えられるのです。セメントの原料のうち、70～80％を占める石灰石をなるべく移動させなくて済むので、鉱山の近くに工場がつくられています。

できあがったセメントは、水を加えると液状の生コンクリートになり、時間とともにどんどん固まっていきます。そのため変化しにくいセメントの状態で、全国の生コンクリート工場へと運び込まれるのです。

石灰石鉱山とセメント工場の分布

セメント工場は石灰石鉱山の近くにある。石灰石鉱山は中国・四国地方に多いため「セメントは西から東に流れる」ともいわれる。

※石灰石鉱山は石灰石鉱業協会会員の鉱山、セメント工場はセメント協会会員のセメント工場を示す。

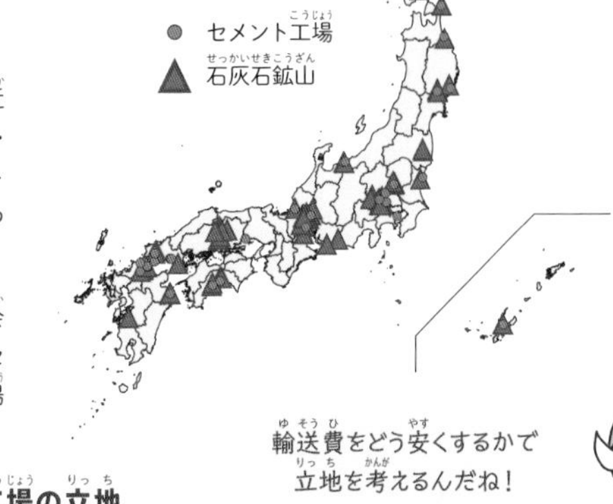

輸送費をどう安くするかで立地を考えるんだね！

その他の産業における工場の立地

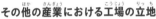

産業	立地	理由
鉄鋼	**炭田の近く、大市場近くの臨海部** ▶福岡県、茨城県など	鉄鉱石を製錬する過程で、**最も重い材料（コークス）の原料となる石炭産地の近く**に立地する。初期は国内炭田の近くに立地していたが、石炭や鉄鉱石を輸入に依存するようになってからは、**輸入港のある臨海部**にも立地するようになった。
製紙、パルプ	**林業の盛んな地域** ▶静岡県、愛媛県など	紙やパルプの原料は木材。**木材のまま運ぶより、紙やパルプにして運んだ方が輸送費はかからない**。木材チップは煮込んで繊維を取り出す際に大量の水が必要。日本では水はどこでも入手しやすいので、入手場所が限定される木材の産地の近くに工場が立地している。
小麦粉	**大市場近くの臨海部** ▶兵庫県、神奈川県など	小麦粉の原料は小麦。以前は群馬県など、大市場に近い小麦産地に多くの工場が立地していたが、**小麦の輸入量が増えてから**は、大市場に近い輸入港の周辺に立地するようになった。内陸の工場を**山工場**といい、臨海部の工場を**海工場**という。
清涼飲料水	**大市場の近く** ▶埼玉県など	清涼飲料水の原料の大部分は水。水はどこでも入手しやすいので、大市場の近くでつくった方が**輸送費はかからない**。
乳製品	**酪農の盛んな地域** ▶北海道など	チーズやバターなどの乳製品は、**加工することで原料の乳よりも軽くなり、保存もしやすくなる**。北海道などの酪農が盛んな地域で乳製品に加工し、大市場に運ぶことができる。

豆知識

アルフレッド・ウェーバーという社会経済学者が、工場の立地をタイプ分けしました。このページで紹介されている工場の立地は、特に輸送費の影響が大きいタイプに分類されます。

筑波研究学園都市に見る50年越しのまちづくり

かつて「陸の孤島」といわれたこともある茨城県のつくば市。いま、人口増加など発展が続いています。

筑波研究学園都市の始まりは、1950年代。当時は首都圏の人口過密が課題でした。そこで、住宅用地の確保のため都内の学術研究施設を移転させるとともに、国際水準の研究施設を建造する計画が立てられました。もとは農村地域だったところに、幹線道路・研究施設・公務員住宅などが次々に建設されました。1985年には国際科学技術博覧会（以下「つくば万博」）が開催され、それにあわせて常磐自動車道が開通し、国内外に研究学園都市・TSUKUBAをお披露目したのです。

将来的に人口増加が見込まれるとして、つくば市と首都圏をつなぐ鉄道計画が策定されました。それがつくば駅と都心・秋葉原駅を結ぶ鉄道・つくばエクスプレス（TX）です。研究学園都市の建設開始から50年超、沿線では2023年現在も開発が続いています。

目に見えるつくば市の大躍進

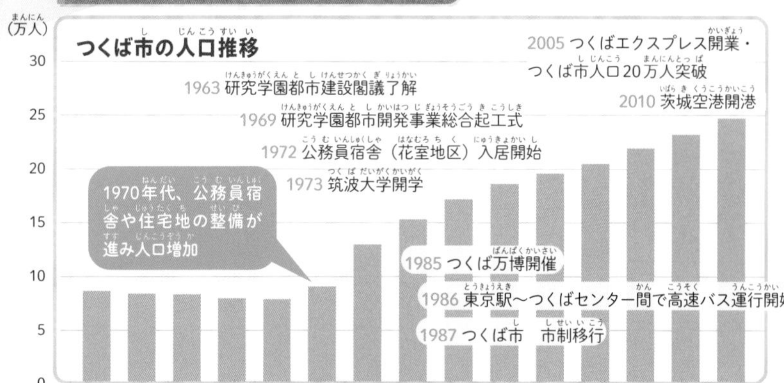

1980年代に高速道路開通・高速バスによる東京駅路線が開業され、首都圏とのアクセスが向上

2005年のTX開業に伴う沿線開発事業により継続的に人口増加中

つくば駅・つくばセンターから東京駅までの経路

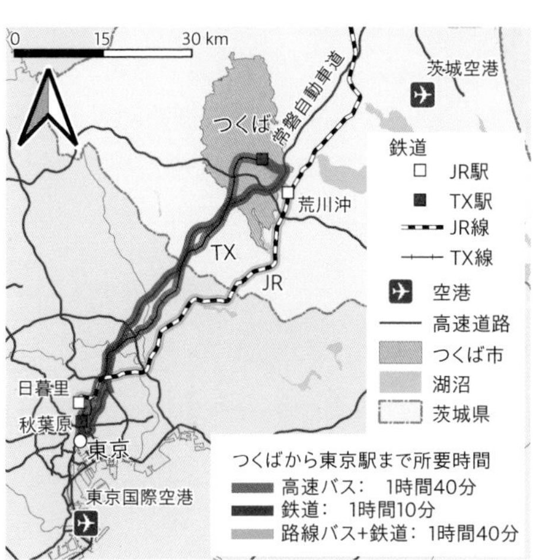

街路樹の緑豊かなつくば駅周辺。マンションが建ち並ぶ。

つくばエクスプレス。快速利用でつくば－秋葉原の間を45分で結ぶ。

つくばエクスプレスの延伸を進める動きもあるよ

豆知識　都心からつくばに移住した家族の新天地での暮らしぶりを描いた書籍『長ぐつと星空』（筑波書林）には、道路が舗装されていない時代から開発が進んでいく様子が生活者の目線でつづられています。

COLUMN 3

地理の博物館へ行こう！

国土地理院（茨城県つくば市）には、「地図と測量の科学館」が併設されています。ここには赤青めがねをかけると立体的に見える「日本列島空中散歩マップ」、経緯儀（P28）や図化機（P16）などの古い貴重な測量や地図作成の機器、伊能図（P128）や迅速測図原図の展示、ゲームで楽しく学べる「地理・地図ゲームにチャレンジコーナー」などがあります。

また、屋外の「地球ひろば」には、電子基準点（P33）、三角点や水準点（P29）の標石、20万分の1サイズの地球の上を歩くことのできる「日本列島球体模型」、現役を退いた測量用航空機の展示などがあります。

この本に出てくるさまざまなものの実物を展示しているので、ぜひ行ってみましょう。

測量用航空機
初代「くにかぜ」

2階から見下ろす
日本列島空中散歩マップ

すごすぎる地域の歴史

それぞれの地域が持っている特徴は、これまでの長い時間の
積み重ねでつくられてきました。
地域の特徴を理解するということは、
その地域の歴史も理解するということ。
この章ではそんな過去の積み重ねの観点から
いろいろな地域を見ていきましょう。

「チバニアン」以前は磁石のN極は南を指していた!?

世界中どこにいても、磁石を持つとN極は北を指します。ところが、この磁石のN極が南を指す時代がありました。

地球には巨大な磁石の性質（地磁気）がありますが、過去には地磁気の向きが逆転したり、元に戻ったりを何度も繰り返していました。最後に**地磁気逆転**が起こったときから後の65万年間の時代の名前が「チバニアン」。それ以前はN極は南を指していたのです。ちなみにチバニアンの名前の由来は、地磁気逆転の痕跡が世界で最もはっきり確認できる場所が千葉県養老川沿いにあるからです。チバニアンの根拠となった地層がつくられた時代、そこには水深約1000mの海底に細かい泥が降り積もっていました。それが77万年をかけて隆起し、泥岩となった様子が陸上で見られます。

千葉県の房総半島は現在でも隆起し続けていて、半島の先端では、かつての海底が、1703年の元禄地震で3m、1923年の大正関東地震では1・5m隆起して、陸上に現れた地形が見られます。

火山灰が教えてくれる地磁気逆転時代

地磁気の逆転は数万〜数十万年ごとに繰り返す

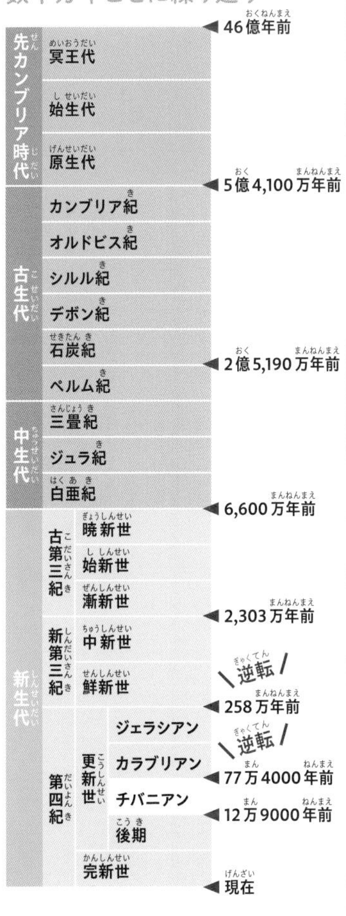

地球の中で変化があった年代のひとつが「チバニアン」と命名された。初めて日本の地名が地質年代表に載った。

地磁気の逆転がチバニアンの証拠となった場所。

地磁気の変化を最も観察しやすいスポット

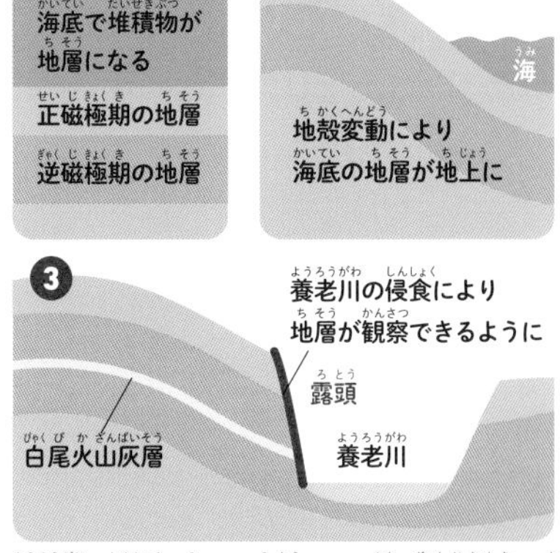

養老川の侵食で見えた露頭のでき方。逆磁極期の地層の中に年代のわかる白尾火山灰層が見える。

海底が地震でせり出した様子。1703年と1923年の地震で、房総半島南端のかつての海底が隆起した。

豆知識 チバニアンの年代の決め手は、その下に白尾火山灰層があったからです。この層は約77万年前に古期御嶽火山の火山灰が降り積もったもので、チバニアンの地層はそれ以降にできたものだとわかります。

噴火で消滅したかもしれない南九州の縄文文化

いまから7300年くらい前、鹿児島県の南の海底火山（鬼界カルデラ）が大噴火しました。その頃、南九州では最先端の縄文文化が栄え、当時のほかの地域では見られない、底が平らな土器がつくられていました。ところが、鬼界カルデラの火山灰が降り積もったあとに堆積した地層からは、このような土器が出土していません。

このことから、鬼界カルデラの噴火により、時代の最先端をゆく南九州の縄文人が滅亡してしまったと考えられています。

火山の噴火にもいろいろな種類や規模があります。大規模な噴火が起こると、火山周辺では噴石や溶岩、火山灰などによる被害が起こります。特に火口から大量のマグマが一気に噴出し、空気と混ざり合って高温の雲のような状態になり（火砕流）、周囲に高速で広がると壊滅的な被害をもたらします。大規模な火砕流が発生するような巨大噴火は、日本では1万年に1度くらいの間隔で発生しています。

南九州は、火山活動が活発な地域です。

九州の噴火は地形にどんな影響があった?

九州周辺で起きた大噴火の一例と影響

火山名	時期	影響
阿蘇山	約9万年前	九州地方から中国地方にかけて厚さ最大100m以上の火砕流がおおい、巨大なカルデラが形成された。
姶良カルデラ	約3万年前	現在の鹿児島湾北部で火砕流が発生し、周辺にシラス台地と呼ばれる特殊な土地が形成された。
鬼界カルデラ（海底火山）	約7,300年前	発生した火砕流は海の上を走って九州南部に到達し、周辺地域の縄文人が滅亡したとされる。

約7,300年前の鬼界カルデラの噴火による火山灰の到達範囲

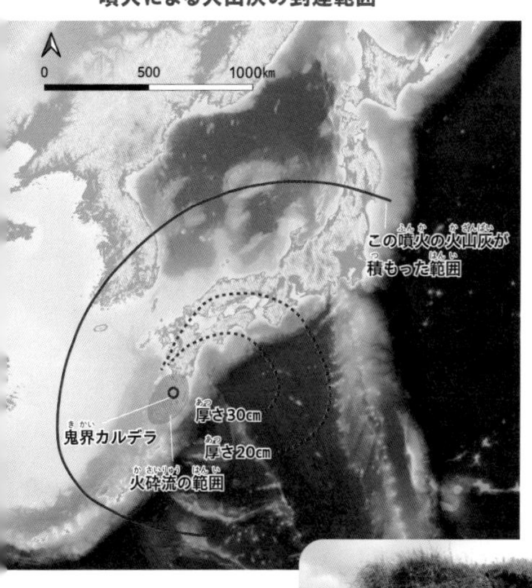

約9万年前の阿蘇山の噴火による火砕流が到達した範囲

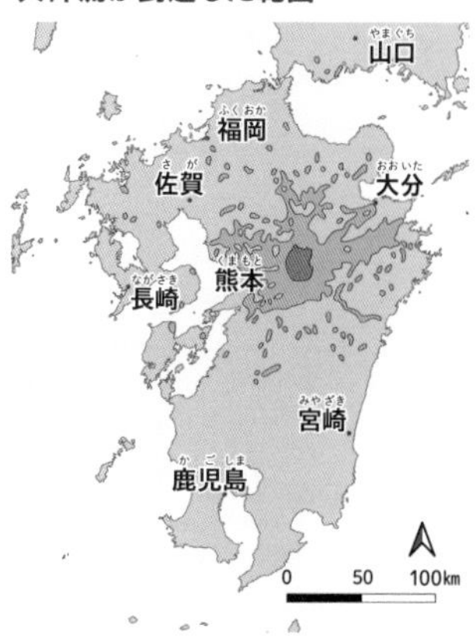

阿蘇山（カルデラ） 火砕流の範囲

熊本県南阿蘇村で見られる鬼界カルデラの火山灰（上部の黄色っぽく見える地層）。

豆知識

鹿児島湾にある姶良カルデラの火砕流は、鹿児島のシラス台地をつくりました。このときの姶良火山灰は、東京の地下でも確認できます。約6万年前は箱根火山が大噴火し、現在の神奈川県の西半分が埋もれました。

昔ここは海の底だった？縄文時代の海と陸

東京の東側には**下町**と呼ばれる標高の低い地域があります（江東区、墨田区、江戸川区など／P85）。これらの場所は**縄文時代前期頃には海底**でした。

海だったという証拠は、貝塚の位置です。縄文人が海で採った貝を食べ、その貝殻を捨てた場所が**貝塚**。それなら貝塚は海岸から近いところにあるはずですが、縄文時代の貝塚遺跡は、いまの海岸線から遠く離れた埼玉県まで分布しているのです。このことから、海岸線はいまよりも内陸にあったと推定されます。当時は地球の気候が暖かく、北ヨーロッパやカナダの氷河が溶け、海水量が増加。その影響から関東地方では、現在の東京の下町や埼玉県東部まで海が広がっていました（左図）。これを「**縄文海進**」といいます。

この古東京湾にはその後、利根川や荒川などの大きな川によって、山地から運ばれてきた土砂が堆積していきました。それにより、少しずつ海岸線が前進して、いまの下町低地がつくられたのです。

海だった証拠は貝塚からわかる！

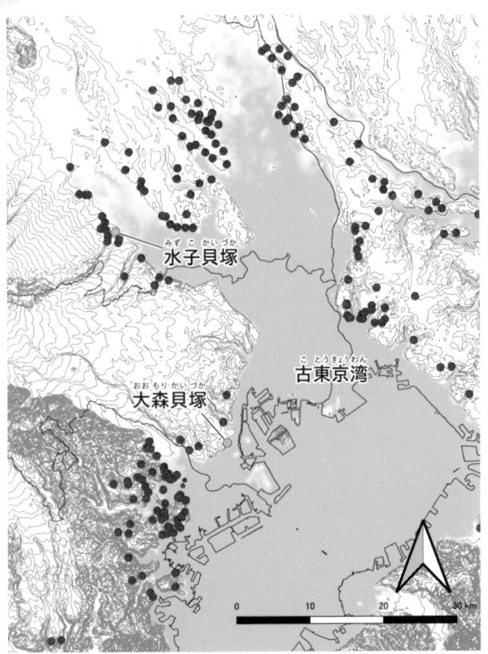

関東南部の海と主な貝塚の分布（縄文前期）

青色の地域が約6,000年前の海。赤丸は主な貝塚遺跡。黒線は現在の海岸線と都県境を表している。現在の埼玉県東部や東京の下町は海だったことがわかる。

自分の住んでいる地域が
昔は海だったなんて
長い時代の変化を感じるね

大森貝塚（東京都大田区）

日本ではじめて貝塚を発見・発掘したモース博士の像がある。

水子貝塚公園（埼玉県富士見市）

国指定史跡水子貝塚を保存、展示している。復元された竪穴住居や発掘された人骨などが見られる。

豆知識

大きな川が流れ込んでいない茨城県の霞ケ浦は、縄文時代に海水が浸入し、その後、川による土砂の堆積があまり進まず、いまも湖の状態を保っています。「縄文時代の海の名残」といえるでしょう。

上総と下総、上下が逆に見えるのは？

旧国名には、上野（群馬県）や、下野（栃木県）のように上・下がつくものや、備前（岡山県東部）、備中（岡山県西部）、備後（広島県東部）のように、前・中・後がつくものがあり、いずれも都（P138）から近い国に上や前、遠い国に下や後があてられています。

千葉県の房総半島には、明治時代に廃藩置県（P132）が行われるまで安房、上総、下総の3つの国がありました。現在の房総半島への道すじで見ると、東京に近い方が下総、遠い方が上総になっています。これは逆ではないのでしょうか？

答えは、かつての房総半島へのルートにあります。都から房総半島、その先の常陸（茨城県）方面へは、三浦半島から東京湾を船で渡って上総に上陸するのが一般的でした。東京湾が波の穏やかな内湾で、船を使って早く安全に渡れたこともありますが、現在の東京の下町は縄文海進の名残りの湿地帯で、都から東に向かう陸路は通りづらかったことも一因でした。

土地の名前も地形が決める

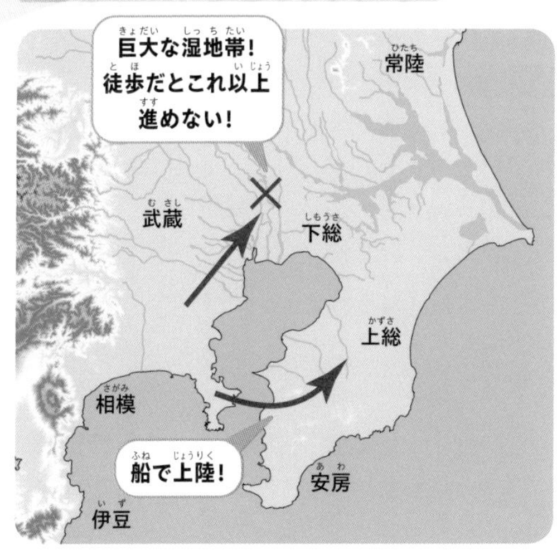

移動のしやすさが大きな理由

房総半島の上総と下総は、都から移動する際に通る順につけられた。都から陸路でやってきた人は三浦半島から船に乗り、まず上総に上陸。そこから陸上を移動してたどり着くのが下総というわけだ。

※地図は西暦1000～1500年頃を想定

旧国名はなぜ読みにくい？

713(和銅6)年、元明天皇が全国各地の風俗を記録した『風土記』をつくるよう命令したとき、諸国の地名を中国（当時は唐）風に縁起の良い漢字2文字で書くよう命じ、無理に漢字をあてたためだといわれている。

旧国名	さらに以前の旧国名	由来
上野（こうずけ） **下野**（しもつけ）	**上毛野**（かみつけぬ） **下毛野**（しもつけぬ）	漢字2文字にする際、「毛」を除き、読み方に「け」が残り、「ぬ」がなくなった。
近江（おうみ） **遠江**（とおとうみ）	**近淡海**（ちかつあはうみ） **遠淡海**（とおつあはうみ）	「あはうみ」は湖の意味。琵琶湖は都から近いから、近い淡海。浜名湖は遠いから遠い淡海になったそう。2文字にする際、淡海に似た意味の「江」を使った。
紀伊（きい）	**木**（き）	「き」を無理やり漢字2文字にしたため。
阿波（あわ） **安房**（あわ）	**粟**（あわ）	漢字2文字にするとき、音が同じ字をあてたようで、『古語拾遺』によれば阿波国の天富命が黒潮に乗ってたどりついたのが、房総半島の安房国だともいわれる。
和泉（いずみ）	**泉**（いずみ）	「和」は文字数合わせのとき、縁起のよい文字としてつけられた。

豆知識

中国で都市の名前が2文字になっていくのは秦時代以降だといわれています（咸陽など）。それ以前は1文字の名前も多かったようです。後漢時代に名前の原則が研究され、隋・唐時代に運用され始めました。

「天下分け目の関ヶ原」は地理的にもかなりの重要地点

「天下分け目の関ヶ原」。これは1600年、徳川家康率いる東軍と石田三成率いる西軍の合戦が関ヶ原で行われたことに由来します。じつはこの場所、地理的にも天下分け目といえる重要な場所なのです。

岐阜県と滋賀県の県境近くにある関ヶ原は、**近畿と東海地方や関東地方を結ぶ交通の要衝**でした。関ヶ原は低地帯であるため、昔、このあたりには、京都や奈良の都を守るために**不破関**と呼ばれる関所が設けられていました。関所が廃止された後も、非常時にはいつでも通行止めできる交通の要衝として残りました。

天候面でも関ヶ原は重要な場所です。冬に日本海で発生する雪雲が関ヶ原を通過します。日本海側と太平洋側の間に高い山があると、雪雲は太平洋側まで進入できません。ところが、関ヶ原は低地帯なので、雪雲はここを通過して濃尾平野まで雪を降らせることがあります。関ヶ原は雪雲の通り道となるのです。

歴史と地理は一体！

関ヶ原古戦場と不破関跡

関ヶ原は東西を分ける要衝で、両軍の戦いにふさわしい場所だった。

新幹線から見る関ヶ原付近の雪景色

若狭湾から伊吹山の横を通って吹き込む季節風で、冬は雪が降りやすい。

関ヶ原に雪が降る理由

雪雲は日本海側から流れ込む。高い山にさえぎられないため、関ヶ原に雪をもたらす。

豆知識

古戦場としての関ヶ原は、「ヶ」を使って「関ヶ原」と表記します。本文では、「関ヶ原」と書きましたが、自治体名としての正式な名称は「ケ」を使い「岐阜県不破郡関ケ原町」です。

江戸時代の日本は丸裸の山だらけだった!?

現在の日本は、国土の約7割が森林におおわれ、普段都市部に住んでいる人も、電車や車で少し移動すると豊かな森の自然に触れることができます。じつは過去には、これらの森が荒廃していた時代がありました。

現在の私たちの生活は、輸入した石油などの化石燃料を主なエネルギー源として営まれています。しかし江戸時代の主要なエネルギー源は薪でした。人々は近くの森を里山として管理し、数十年かけて木々を育てながら計画的に伐採してエネルギー源として利用していました。

ただ、そのようなかたちで得られるエネルギーには限度があり、木を切りすぎた結果、**裸の山（ハゲ山）**がいたるところに出現しました。

現在の日本で豊かな森が維持できているのは、エネルギー源が薪から化石燃料に変わったため。そしてその化石燃料のほとんどを輸入しています。

意外!?　江戸時代の深刻な環境破壊

関東地方の土地利用の比較

1880年代（明治初期）

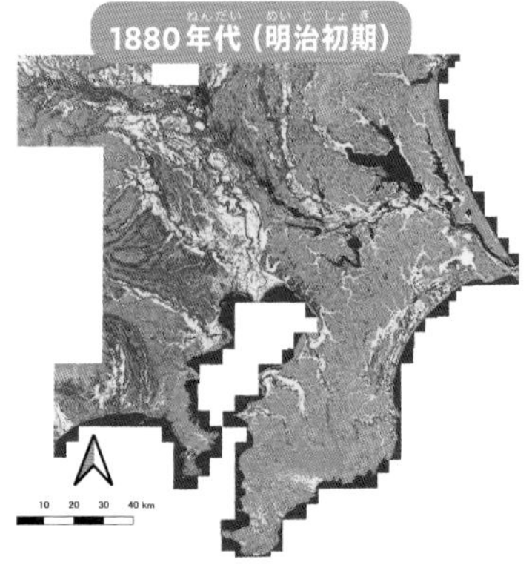

江戸時代からあまり変化がないと考えられる明治初期の土地利用。山間部の荒地（オレンジ色）にハゲ山が多いことがわかる。

2016年

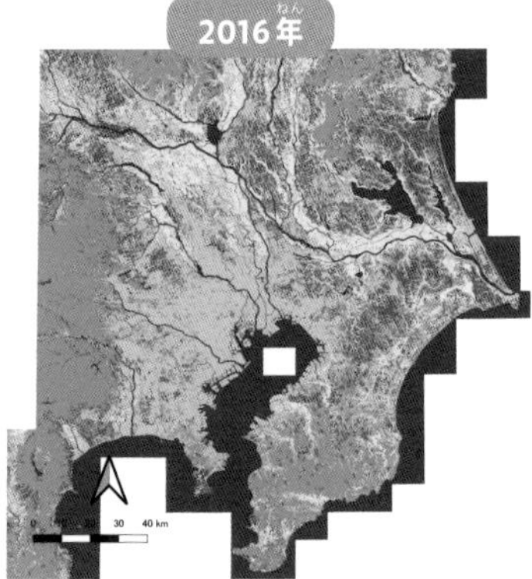

2016年にはハゲ山はなくなり、房総半島にはゴルフ場（ピンク色）が出現。灰色は都市域を示しており、明治時代と比べて東京を中心に大きく拡大していることがわかる。

PICK UP　大正時代のハゲ山と現在

江戸時代の写真はないが、大正初期のハゲ山の様子（滋賀県大津市田上山）。木が育つには数十年かかるので、江戸時代の様子がこのような写真からも推測できる。

大正初期のハゲ山の様子。

▼

その後、植林が行われた。

▼

植林直後の様子。

▼

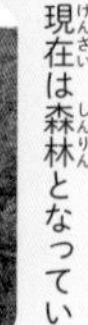

現在は森林となっている。

豆知識

江戸時代の日本は、究極の循環型社会ともいわれています。例えば江戸では江戸前の海産物を食べ、溜められた排泄物を江戸近郊の農地の肥料にして、農業を行うといった無駄のない循環で暮らしていました。

静岡県がプラモデルの聖地になった地理的な理由

日本のプラモデルのじつに9割が、静岡県でつくられていることを知っていますか？　特に静岡市周辺にはプラモデル工場が多く、市は「**模型の世界首都**」とうたっています。なぜ静岡県がこれほどのプラモデルの産地になったのでしょうか。

その理由を探るには、江戸時代までさかのぼる必要があります。江戸時代初期、幕府直轄領（**天領**）の駿府（現在の静岡市）では、久能山東照宮の造営や静岡浅間神社の社殿再建など、幕府の威信をかけた国家事業が実施されました。このときに全国から集められた腕のよい職工が、その後駿府に残り、タンスなどの木製品をつくり始めます。

安倍川上流などから切り出される良質な木で木製品の産地となりますが、生産過程で大量の木片が捨てられます。その木片を有効活用したものが、**木製模型**です。1950年代にさまざまな製品の素材がプラスチックに変わるなかで、**木製模型もプラモデルに転換**していったのです。

プラモデルの9割以上が静岡県でつくられている！

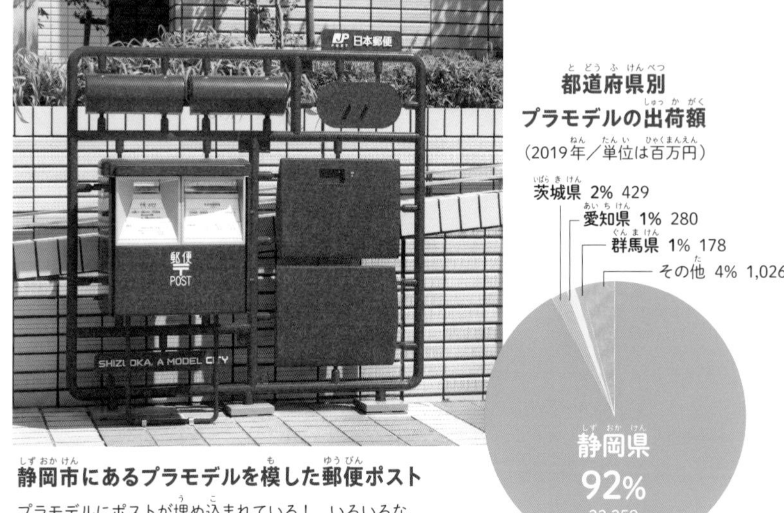

静岡市にあるプラモデルを模した郵便ポスト

プラモデルにポストが埋め込まれている！　いろいろなかたちで〝プラモデルの街〟をアピールしている。

製品の産地と都道府県別シェア（2019年）

製品	産地	県別シェア	発展の経緯
ひな人形	埼玉県 さいたま市	49.3%	江戸初期に、日光東照宮の造営に関わった工匠が住んだことが起源といわれる。
ひな具 （ひな人形の道具）	静岡県 静岡市	48.8%	関東大震災で被害を受けた職人を東京や岩槻（現在のさいたま市）から呼び寄せ、技術を受け継いだ。
ネクタイ生地	山梨県 郡内地方	47.9%	江戸時代初期から絹織物生産が盛ん。明治以降、洋裁も発展していく。
学生服	岡山県 倉敷市	61.3%	江戸時代から綿花・綿布の産地。大正時代から学生服をつくっている。

豆知識

上に示したように地域の産業がどのように発生し、発展し、いまどうなっているのかを研究することは、経済地理学の主要なテーマのひとつです。みなさんの住む地域にはどんな産業があるでしょうか？

伊能忠敬が地図をつくった本当の目的

江戸時代に地図をつくったことで知られる伊能忠敬は、現在の千葉県の商家の主でした。50歳で息子に家業をゆずり、その後幕府天文方に弟子入りしました。天文学や測量術を学ぶうちに、彼は地球の大きさを測りたくなりました。そのためには、距離を正確に計測する必要があります。そこで海岸線を歩いて測量を行い、正確な地図を作成し、南北の距離を算出しました。忠敬にとって、地図作成は地球の大きさを測定するための手段だったのです。

1800年、55歳の忠敬は、私財をなげうち、蝦夷地（現在の北海道以北）に向けて第1次測量に出発しました。その計測で得られた地球の大きさは、**現在計測されている値との差がわずか0・2％程度**。また、作成された地図の精度は幕府も驚くほど高く、のちに幕府の正式な事業となりました。忠敬と弟子がつくり上げた「**大日本沿海輿地全図**」（伊能図）は、明治中頃まで日本政府の正式な地図のもととして使われました。

伊能忠敬は強靭な精神力の持ち主

伊能測量隊の測量方法

ある地点から次の地点を見通してその方向を計測し、また歩測や縄を使って距離を測定することを延々と続けることで、一筆書きの測量線を引いていく。さらに夜は天文観測を行って緯度を求めた。忠敬の測量結果が正確だったのは、とにかく几帳面にこつこつと測量を続けた結果なのだ。

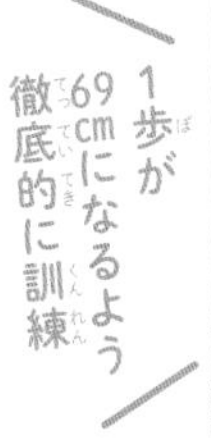

1歩が69cmになるよう
徹底的に訓練

伊能忠敬像（富岡八幡宮／東京都江東区）

忠敬は測量旅行の出発の度に、富岡八幡宮を参詣して成功を祈願したとされる。

1. 梵天Aを杭1に立てる
2. 杭2で梵天Aへの鉄鎖直線と真北との角度aを測る
3. 梵天Bを杭2の所に設置する
4. 杭1で梵天Bへの鉄鎖直線と真南との角度bを測る
5. 鉄鎖を引き距離を読む
6. 角度aと角度bの平均をとり、杭2から杭1への方位を定める
7. 5と6を記録する
8. 杭2と杭3で1〜7を繰り返す

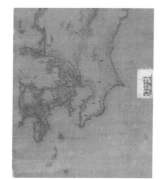

梵天B　小方位盤　北　梵天A　杭1　a　b　鉄鎖　杭3　杭2　南

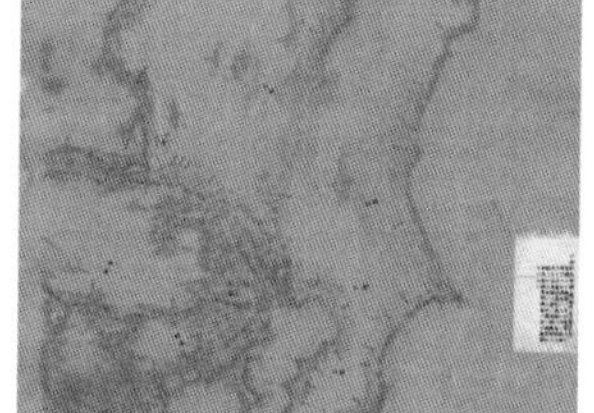

伊能中図の「関東」図（模写）

1874（明治7）年以降に、陸軍省参謀局により模写された「関東」図。陸軍が参考にしたのは伊能忠敬の地図だったのだ。

豆知識

日英修好通商条約（1858年）による開港で、日本沿岸の測量を考えたイギリスは、1861年に測量船を日本へ派遣。その際、幕府から伊能図が提供されたことから、測量せずに帰国しました。

CHAPTER 4 56 地域の歴史

間宮林蔵と「伊能図」の密接な関係

間宮林蔵は、伊能忠敬から測量技術を学び、現在の北海道以北の**蝦夷地**を測量・調査した幕府の役人です。

林蔵は1799年、20歳で蝦夷地に渡り、翌1800年、蝦夷地の測量に訪れた忠敬と箱館（函館）で出会い、師弟の約を結びます。後年、江戸の忠敬の元で測量術を学んだあと、蝦夷地に戻り測量を続けました。1817年には蝦夷地沿岸実測資料を忠敬に提供しています。忠敬の「大日本沿海輿地全図」のうち、北海道については林蔵の測量成果を参考にしたといわれています。そのため北海道の部分を「間宮図」と呼ぶこともあるそうです。

林蔵は、幕府の役人として蝦夷地沿岸部の地図をつくり、それまで半島であるかどうか不明確だったカラフトが島であることを確認しました。測量に加え、現地の自然、アイヌやほかの民族の生活の様子を観察し、それらをカラフト探検の記録書である『**東韃地方紀行**』などにまとめ、幕府に報告しました。

林蔵は幕府に見いだされてカラフトへ！

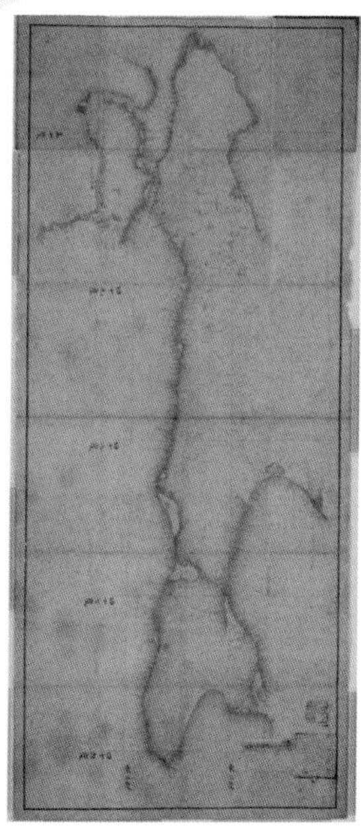

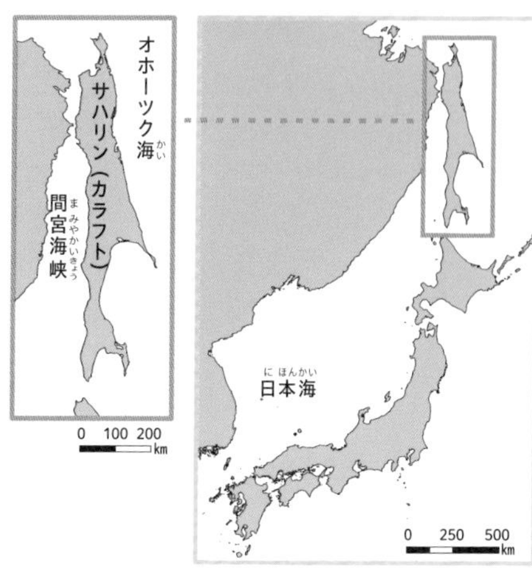

林蔵作「カラフト島図」と現在の地図

東側の海岸線が描かれていないのは、調査していないためである。

間宮林蔵記念館

林蔵の出生地、茨城県つくばみらい市に建てられた。

林蔵が見た市での物々交換の様子

林蔵は測量のため清朝の出先機関のあるデレンを訪れていた。測量に加え、現地の自然や人々の生活も報告書にまとめていた。

豆知識

当時ロシア帝国が極東進出をもくろみ、日本は安全保障の観点からも蝦夷地の測量が急務でした。当時カラフトが大陸と陸続きだと思われており、カラフトが「島」かどうかを確認することは国防上重要でした。

都道府県の数が47になったのは分割統合をくり返した結果

現在の都道府県の数は47、これはいつどのように決められたのでしょうか。

明治維新で、国をひとつにまとめるため藩をやめて県を置く、廃藩置県が行われました（北海道と沖縄県を除く）。当初は東京、京都、大阪の3府と302県でしたが、1871（明治4）年に3府72県に統合され、その後も合併・分割が進められ、1888（明治21）年に3府42県が確定します。

明治になるまでは、奈良時代の律令制以来江戸時代まで、都に近い5国を畿内とし、それ以外の地域を7つに分けた五畿七道という行政区分が用いられていました。

北海道と沖縄はこの区分に含まれませんでした。明治政府はロシアに対して、蝦夷地は日本の領土だと示すべく、8つ目の道として北海道と名付けました。沖縄は琉球王国でしたが、明治政府は1872（明治5）年に琉球藩、1879（明治12）年に沖縄県を設置しました。こうして、いまの47の都道府県の原型がつくられたのです。

江戸時代のなごりが、いまの県庁所在地に影響！

北海道庁旧本庁舎

明治時代に8つ目の「道」になった北海道の道庁の建物には開拓のシンボル・赤い五稜星が随所にあしらわれている。

江戸時代までの広域行政区分

東山道
北陸道
山陰道
山陽道
東海道
畿内
南海道
西海道

五畿七道

五畿は，都の周囲にあった大和、山城、河内、和泉、摂津の5つの行政区（国）。これを畿内という。七道は畿内以外の日本の地域で、東山道、北陸道、東海道、南海道、山陰道、山陽道、西海道という。

都道府県名と県庁所在地名が異なる都道府県

都道府県名と県庁所在地名が違うのは以下の18道県（東京都を除く）。府県統合のとき、城下町に県庁を置く（城下町名が県庁所在地名になる）ことが政府の基本方針だったが、地元の元藩士の抵抗などで県庁の場所がなかなか定まらず、県名と県庁所在地名が一致しなくなったところもあるといわれている。

これら18道県の県庁所在地名の由来を調べてみると地名の理解が深まるよ

1	北海道	札幌市	7	埼玉県	さいたま市	13	滋賀県	大津市
2	岩手県	盛岡市	8	神奈川県	横浜市	14	兵庫県	神戸市
3	宮城県	仙台市	9	山梨県	甲府市	15	島根県	松江市
4	茨城県	水戸市	10	石川県	金沢市	16	香川県	高松市
5	栃木県	宇都宮市	11	愛知県	名古屋市	17	愛媛県	松山市
6	群馬県	前橋市	12	三重県	津市	18	沖縄県	那覇市

豆知識

1943年6月まで、東京の都道府県庁所在都市は東京市でした。現在の都庁は新宿区にありますが、都道府県庁所在都市名は「東京」としています。新宿区は23区特別区のひとつで、市町村ではないためです。

「関西」がどこを指すのか正確には決まっていない

「関西」とはどこを指すのでしょうか？

日本の地方区分に**八地方区分**というものがあります。北から北海道、東北、関東、中部、近畿、中国、四国、九州・沖縄です。そこには関東はあるのに、なぜか関西はありません。じつは、関西の正確な範囲は決まっていないのです。

関東、関西という漢字は、関の東と西と書きますね。この関というのは、673年、天武天皇が、都である飛鳥浄御原宮を守るために置いた3つの関所（**不破関**、**鈴鹿関**、**愛発関**）を指します。その後、この三関より東側を関東と呼ぶようになりましたが、西側を関西とは呼びませんでした。当時の都は関の西側にあり、日本の中心である都を関「西」とするのはおかしいからです。

江戸時代には、江戸から見て近畿周辺は、天皇のお住まいになる方向という意味で「**上方**」と呼ばれるようになりました。

明治時代になって皇居が東京に移ると、近畿周辺を正式に上方とは呼べなくなり、「関西」が使われるようになったのです。

都を守る三銃士、不破関・鈴鹿関・愛発関！

八地方区分

日本で、多く用いられている地方区分のひとつ。

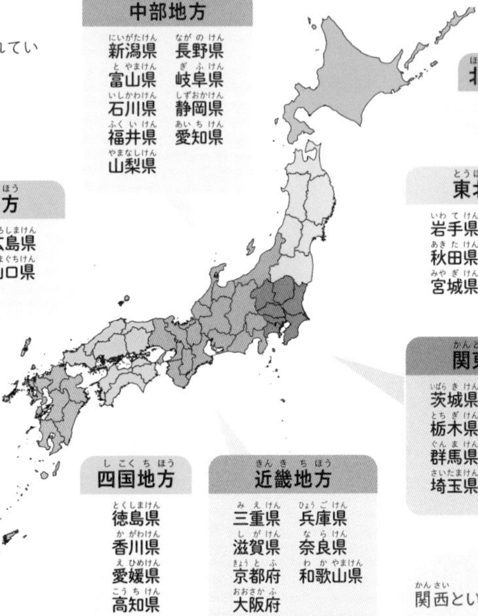

中部地方
新潟県　長野県
富山県　岐阜県
石川県　静岡県
福井県　愛知県
山梨県

北海道地方
北海道

東北地方
岩手県　青森県
秋田県　山形県
宮城県　福島県

中国地方
鳥取県　広島県
島根県　山口県
岡山県

九州・沖縄地方
福岡県　大分県
佐賀県　宮崎県
長崎県　鹿児島県
熊本県　沖縄県

関東地方
茨城県　千葉県
栃木県　東京都
群馬県　神奈川県
埼玉県

四国地方
徳島県
香川県
愛媛県
高知県

近畿地方
三重県　兵庫県
滋賀県　奈良県
京都府　和歌山県
大阪府

関西という言葉が登場するのは鎌倉時代！

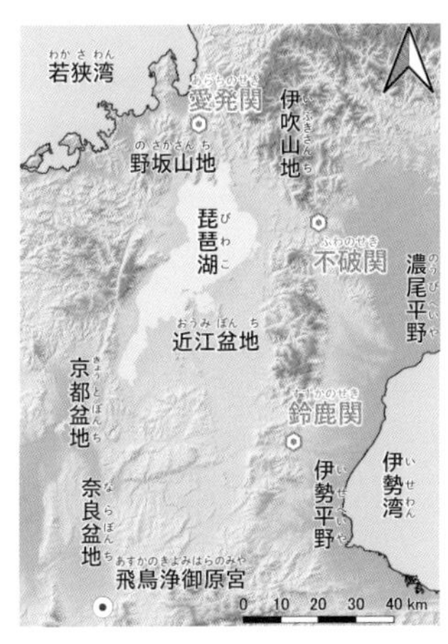

三関に守られた都・飛鳥浄御原宮

飛鳥浄御原宮は、天武天皇が営んだ三関設置時の都。低地に置かれた3つの関は、守りの要だった。三関は、周囲と比較して山が低く緩やかで、移動しやすい場所にあり、現在も鉄道や国道、高速道路などの主要交通網が集まっている。

※旧海岸線はおおよそ中世のもの

八地方区分のほかにも、中国と四国をまとめた七地方区分や、気象予報などで用いられる11地方区分、衆議院比例代表制選挙区の比例11ブロックなどもあります。用途によって地方区分はさまざまです。

日本の原風景「田んぼ」、じつは変化していた

秋に、風になびく稲穂が一面金色に輝くさまは、日本の田舎の原風景です。また、「田」の字は水田とあぜ道の様子からできた漢字だと言われています。

じつは、このような四角い田んぼ（ほ場）が広く全国で見られだしたのは、1963年に制度化された**ほ場整備事業**以降のこと。それまでは入り組んだ土地所有、排水が困難な場所、小さな区画、狭い農道など、長い歴史の中で形成されてきた非効率な水田環境でした。それを見直し、大型機械などを使えるように、大きく四角い区画になるように整備したり、水のめぐりをよくするための水路や暗渠などを整備したり、農道を整備してきました。また、水田に適していない土壌の土地は畑に転用して、土地の生産性を高めています。ほ場整備とともに、効率的な農業経営を進めた結果、稲作**にかかる労働時間は半分に、生産費は3分の2に減りました。**

私たちが思い描く日本の原風景は、案外新しい時代のものなのかもしれません。

ほ場整備前に見られた問題

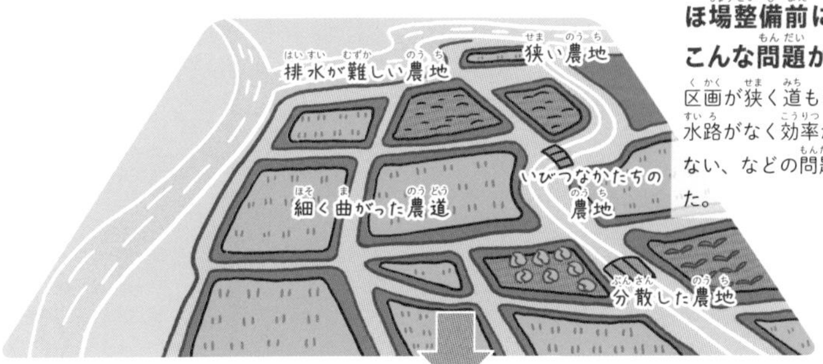

排水が難しい農地
狭い農地
細く曲がった農道
いびつなかたちの農地
分散した農地

ほ場整備前にはこんな問題が

区画が狭く道もなく、用水路がなく効率が上がらない、などの問題があった。

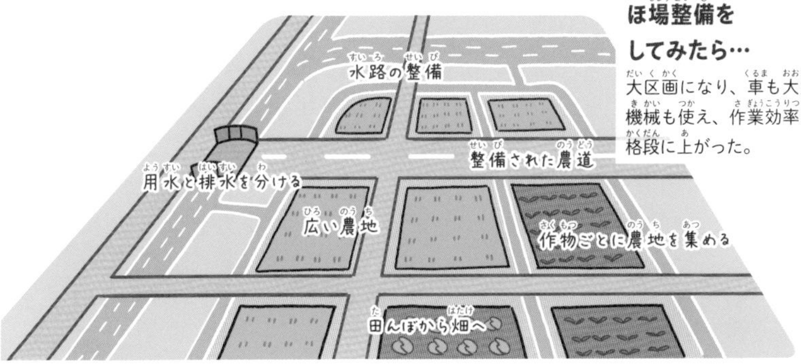

水路の整備
整備された農道
用水と排水を分ける
広い農地
作物ごとに農地を集める
田んぼから畑へ

ほ場整備をしてみたら…

大区画になり、車も大型機械も使え、作業効率が格段に上がった。

PICK UP 写真で見てみよう

実際の整備前後の写真を比較してみよう。どちらも高知県南国市の様子。

管理しにくい
ほ場整備前（1975年）

田んぼが狭くてかたちもいびつ。広い道もなく、作業も水を引くのも大変。

管理も整理もしやすい
大区画（2010年）

整然としていて一目で把握できる。道が広くなり、大型機械も入れやすくなった。

豆知識

ほ場整備によって農家間で不公平感が高まったり、コンクリートの水路をつくることで、地域の土壌環境や生態系が変わってしまうなどの問題も。事業実施には、地域の人々の十分な理解と協力が不可欠です。

悠久の都、京都の地理的成り立ちと発展

京都といえば、794年に桓武天皇が平安京に都を移して以来、明治維新まで1000年以上、政治・経済・文化の中心でした（P158）。そんな京都の成り立ちを知っていますか？

平安京の場所は、陰陽道（風水）にもとづいて決められたといわれています。平安京は都市全体が四角形で、街路が左右対称に「碁盤の目」状に交差するかたちは、中国の長安城がお手本です。天皇は都の北側の大内裏で南向きに君臨していたため、天皇から見て左側が左京、右側が右京です。整然と設計された平安京ですが、建都100年を待たずに右京の南が衰退しました。**京都の西南部は低地で沼や泉が多く、家屋や道路も荒廃したため**だといわれます。

その後数百年を経て天下統一を成し遂げた豊臣秀吉は、長い戦乱で荒れ果てた京都の都市改造の一環として、外敵の来襲に備える防塁と、鴨川の氾濫から市街を守る堤防を兼ねるものとして、1591年に京の中心部を囲うように**御土居**を設けました。

平安京は国内統治に最適な土地にあった

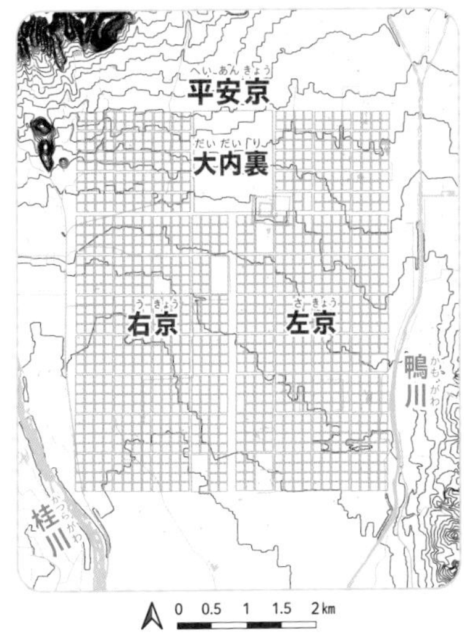

平安京を取り巻く環境

桓武天皇は平安京に都を移す前、京都盆地南部の水上交通の中心地に長岡京（現在の向日市、長岡京市など）をつくった。しかし、宇治川、桂川、木津川が合流する土地で、長岡京は水害の多発地帯でもあった。水はけが悪く、疫病も流行った。この長岡京から3km北には、良質の井戸水が採取でき、水はけのよい扇状地が広がっており、そこに都を移し平安京とした。平安京は、国内統治上の最適な地理的条件と、水害が少ない扇状地の高台という条件を併せ持った地なのである。

平安京の条坊制（794年）と秀吉の築いた御土居（1591年）と明治時代の市街地の位置関係図

平安時代以降、次第に左京が栄えていく。その後応仁の乱で荒廃するも、豊臣秀吉によって御土居が築かれてにぎわいをとりもどす。江戸期以降、御土居の内側は洛中と呼ばれ、市街化が進む。背景図は大正元年発行の地形図で、黒い部分が市街地。江戸時代に栄えていた地域を中心にして、明治時代の市街地が拡大していることがわかる。

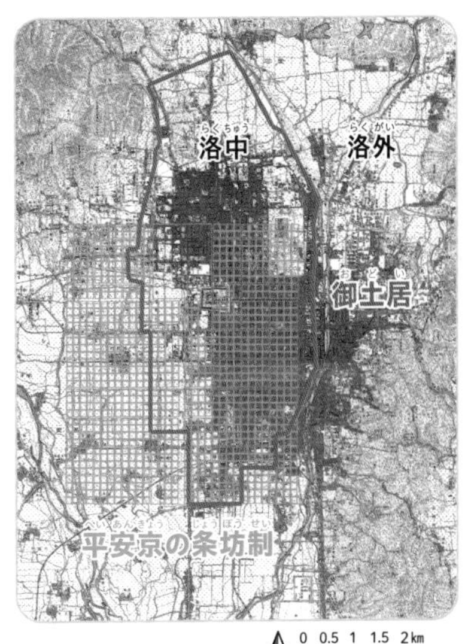

明治末期から、京都市では京都市三大事業として、「第2琵琶湖疏水（第2疏水）開削」「上水道整備」「道路拡築および市電敷設」の3つの都市基盤整備を行い、今日の京都市の骨格を築きました。

COLUMN 4

世界一長い首都の名前

東京、ワシントンD.C.、ナイロビ……世界の国にはそれぞれ首都がありますが、最も長い首都名を知っていますか？　それはタイの首都名。タイの首都名はバンコクと覚えている人もいるかもしれませんが、それは外来地名（P150）といってタイ国外の人が呼ぶ名前です。タイ国内の人が呼ぶ名前（内生地名）の正式名称は下記の通りタイ語でも100文字以上。あまりに長いためタイ国内でも最初の「クルンテープ」と呼ぶことが多いです。

「アムラタマゴの木のある水辺の村」を意味するバーンマコークが「バンコク」の語源とも。

タイ語でこう書く！

กรุงเทพมหานคร อมรรัตนโกสินทร์
มหินทรายุธยา มหาดิลกภพ นพรัตนราชธานีบูรีรมย์
อุดมราชนิเวศน์มหาสถาน อมรพิมานอวต่ารสถิต
สักกะทัตติยวิษณุกรรมประสิทธิ์

読み方

クルンテープ・マハナコーン・アモーンラッタナコーシン・マヒンタラーユッタヤー・マハーディロック・ポップ・ノッパラット・ラーチャタニーブリーロム・ウドムラーチャニウェートマハーサターン・アモーンピマーン・アワターンサティット・サッカタッティヤウィサヌカムプラシット

日本語に訳すと…

天使の都　雄大な都城　帝釈天の不壊の宝玉　帝釈天の戦争なき平和な都　偉大にして最高の土地　九種の宝玉の如き心楽しき都　数々の大王宮に富み　神が権化して住みたもう　帝釈天が建築神ヴィシュカルマをしてつくり終えられし都

すごすぎる世界の地理

世界に目を向けると、日本と全く違う特徴を
持つ地域があります。
自然も歴史もそこでの暮らしの
バリエーションもさまざま。
世界全体の様子、地域的な違いを見ていきましょう。

世界の地形はいろいろ、人の暮らしもいろいろ

山を高くする力は、プレートがぶつかったりすれ違ったりしている場所で発生し、地面を持ち上げたりマグマの働きなどで火山を作ったりします。一方で、山を低くする力は、重力や水の力です。これらの力が山を削り、削られた土砂は川などによって流され、平野や海に溜まります。

このような力の働き方は、**プレートの位置関係や気候の条件などにより、地域ごとに全く異なっています。**プレートがぶつかり合っている地域では、地面を持ち上げる速さが速く、高い山がつくられますが、プレートの境界から離れている地域は、なだらかな高原や平原が広がります。プレートが分かれつつある地域では、土地が裂けるような地形が見られます。

また、日本のように雨が多い地域では谷は**V字形**で、ヨーロッパ北部などのかつて氷河におおわれた地域では氷河に削られてできた**U字谷**が見られます。力の違いによって、世界でいろいろな地形とそれに応じた人々の暮らしが形づくられるのです。

さまざまな自然の力が地形をつくる！

ノルウェーのU字谷

氷期（P 148）に氷河でおおわれた場所では、大きな氷のかたまりの流れで削られてできた、底が幅広いかたちの谷が形成された。

黒部峡谷

日本の山地は川が急で流れが速いため、川の水が土地を削る力（侵食）が強く、深いV字形の谷（V字谷）がつくられる。

北アメリカプレート
ユーラシアプレート
アラビアプレート
フィリピン海プレート
カリブプレート
アフリカプレート
太平洋プレート
ココスプレート
南アメリカプレート
インド オーストラリアプレート
ナスカプレート
南極プレート
スコティアプレート

▶：ぶつかる境界
▶：分かれる境界
▶：ずれる境界

世界の地形

ぶつかるプレート境界の周辺は標高が高くなっている。日本列島も海底から見れば高くそびえる山地である。

アフリカの大地溝帯（裂けゆく大地）

新たなプレート境界ができ、アフリカプレートが分裂して2つのプレートに分かれつつある。

世界最高峰のヒマラヤ

プレートがぶつかり合う場所では、地面が盛り上がり高い山がつくられる。

豆知識

地球の陸地全体の平均標高は約800m。雨の少ないアフリカ東部では土地があまり削られず、標高2,000 m以上の高原が広がっています。赤道直下でも標高が高い地域は涼しく、多くの人が暮らしています。

世界の気候帯は5つ 植物が重要なポイント

世界には、暑い地域、寒い地域、日本のように四季がある地域など、さまざまな気候の地域があります。どのように分布しているのでしょうか。

世界の気候は、大きく5つに分けることができます。**気候区分**を知ることは、その地域に生える植物などを理解することにもつながります。なぜなら植物は、特にその土地の気温や降水量の影響を受けやすいからです。

20世紀初めに、ドイツの気候学者**ウラジミール・ペーター・ケッペン**は、地域ごとの植物の生え方に、似ているところと、違うところがあることに注目しました。その理由を考えていくうちに、**植物の生育に重要な気温と降水量が大きく関わっている**ことを発見しました。そして気温や降水量で気候を大きく5つに分けたのです。

植生は、農業や衣食住など、人々の生活・文化と深く関わっています。気候の特徴と、植生や人間生活との関連を見てみると、たくさんの発見がありますよ！

世界の気候を知れば生活や文化が見える

ケッペンによる気候区分　植生の違いで世界の気候帯を5つに区分している。

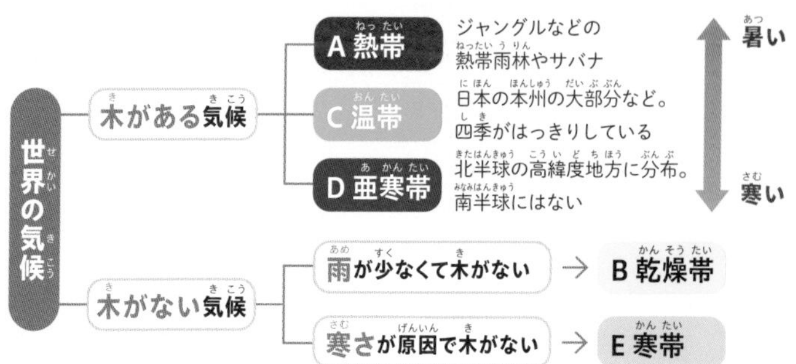

世界地図で見る気候区分

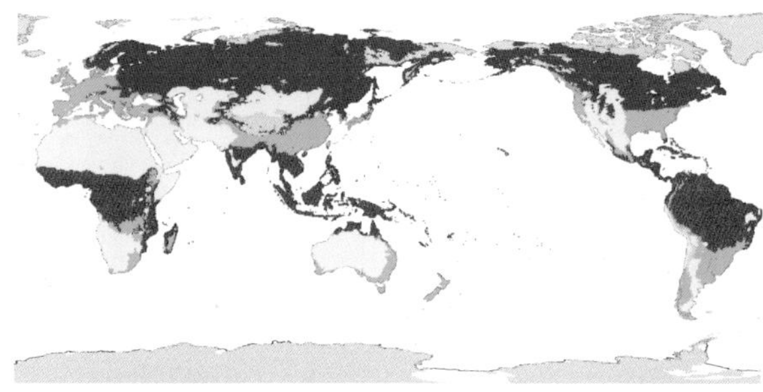

E 寒帯

雪と氷におおわれたグリーンランド。

D 亜寒帯

西シベリア（ロシア）の針葉樹林（タイガ）。

A 熱帯

ベリーズの熱帯雨林。

B 乾燥帯

植物がほとんど見られない
サハラ砂漠（エジプト）。

C 温帯

四季がはっきりしている
温帯のロンドン（イギリス）。

豆知識　地球温暖化で気温や降水量が変わると、ケッペンの気候区分の境界線も変化します。亜寒帯や寒帯の面積は、過去100年間で小さくなっています。今後温暖化が進むと、さらに影響が大きくなる可能性も。

砂漠ができる理由は大きく分けて4つある！

砂漠ができるのは、雨が少なすぎて植物が育たないから。雨が降らない原因をさらに詳しく見ていくと、じつは砂漠ができる理由は4つあります。

1つ目は、地球規模の風の流れ（**大気大循環**）の影響でつくられる**中緯度砂漠**。赤道付近では強い太陽光によって地面が暖められて上昇気流が起こり、たくさんの雨を降らせます。その後、上空で中緯度方向に移動した乾いた大気が地表付近に降りた地域に中緯度砂漠が分布します。

2つ目は、沖合を流れる寒流によって大気が冷やされる地域にできる海岸砂漠。大気が冷やされると上昇気流が発生しづらいので、雨が降りにくく乾燥します。

3つ目は、海から遠く、水蒸気が届きにくい内陸部にできる内陸砂漠です。

4つ目は、高い山脈の風下側にできる**雨陰砂漠**です。湿潤な風が吹き付ける山脈の風上側で雨や雪が降ってしまい、風下側では風は水蒸気をほとんど含まないので、雨が少なく砂漠になるのです。

見た目は同じでも、できる仕組みは大きく違う

砂漠をつくる4つの原因

❶ 中緯度砂漠

積乱雲
スコール
下降気流
上昇気流
下降気流
中緯度砂漠
赤道
中緯度砂漠

❷ 海岸砂漠

大気が冷やされて
上昇気流が発生しにくい
冷たい海流
海岸砂漠

❸ 内陸砂漠

海から遠く、湿潤な風が届かない
内陸砂漠

❹ 雨陰砂漠

湿潤な風
雲
乾燥した山越え気流
雨陰砂漠

世界の主な砂漠の分布

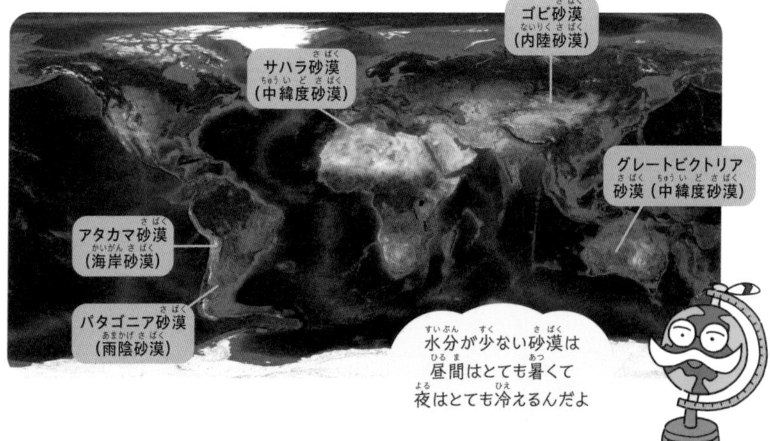

豆知識　砂漠の地表面の状態は、砂が分布している「砂砂漠」、硬い岩盤が露出している「岩石砂漠」、地表面が礫（石ころ）におおわれている「礫砂漠」の3つに分類することができます。

氷期には東京湾も瀬戸内海も陸だった!?

いまから約2万年前は、「氷期」と呼ばれる寒い時代でした。現在、地球で氷河におおわれている大陸はグリーンランドと南極だけですが、氷期には、北欧やカナダも氷河におおわれていました。

ところが寒いはずのシベリアには、一部の地域を除いて氷期にも氷河がありませんでした。シベリアは海から遠く離れているので、雪を降らせる水蒸気が十分届かなかったためだと考えられています。寒くても雪が降らないと氷河は成長しません。氷河の成長には、冬にたくさんの雪が降ることと、夏になってもその雪が溶けないことが重要なのです。

海から蒸発した水が氷河として大陸に残ると海水の量が減って海面が低くなります。日本も、東京湾や瀬戸内海のような浅い海は、氷期には完全に陸地でした。また、北海道とサハリンの間（現在の宗谷海峡）も陸続きでした。氷期には、陸続きだった宗谷海峡ではマンモスが、瀬戸内海ではナウマン象が歩いていたと考えられています。

マンモスが生息していた時代の地球の気候

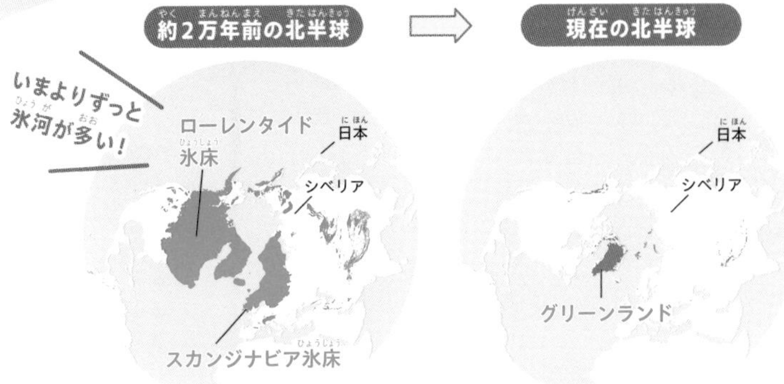

北半球の氷河はどう変わった?

青い部分が氷河を示す。現在、北半球で大規模な氷河は、グリーンランドにのみ分布している。

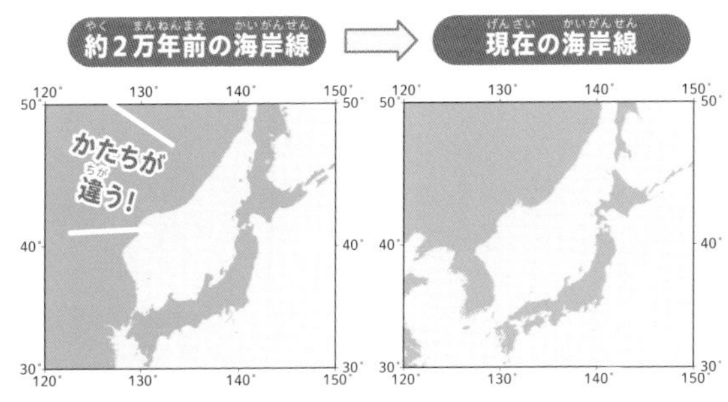

東アジアの海岸線昔といま

緑色の部分が陸地。約2万年前の海面はいまより120m低かった。瀬戸内海や東京湾、北海道とサハリンの間も陸地だった。

PICK UP 氷河はどうやってできる?

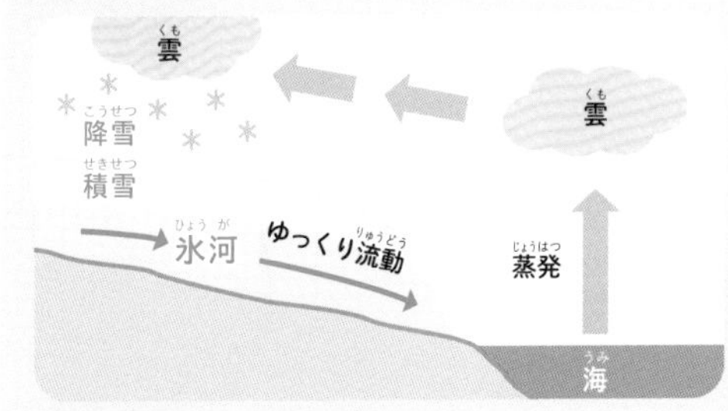

氷河は雪が圧縮されたもの。冬に雪が降り、融けないまま次の雪が降ると、雪の重みで下の方の雪は圧縮される。それが夏も融けずに何年も残り続けると氷河になる。

豆知識

現在地球上には、大陸氷河の他に、ヨーロッパアルプスやヒマラヤなどに山岳氷河があります。しかし地球温暖化の影響で急速に融けており、山岳氷河の多くは50年以内に消滅するという予測もあります。

ひとつの場所なのに違う地名があるのはなぜ？

ヒマラヤ山脈にある、ネパールと中国・チベット自治区にまたがる世界最高峰**エベレスト**は、インド測量局長官を務めたジョージ・エベレストにちなんで命名されました。ネパール名は**サガルマータ**。この山はネパールと中国の国境にもなっていて、中国語（チベット語）では**チョモランマ**です。また、ドイツ南部から黒海まで流れるドナウ川は、10ものヨーロッパの国々を通る国際河川で、それぞれの国で名前があります。

このように、そこに住む人によって名付けられた地名を**内生地名**といい、地域住民から民族に至るまで、**そこに生きる人々の間で共有される歴史的文化的遺産**です。

世界には、植民地のように先住民族の土地にあとから来た人がつけた地名もあり、**外来地名**と呼ばれます。例えばインドの都市ボンベイは、イギリス植民地時代につけられた名称ですが、１９９５年に現地語のムンバイに変更されました。このように複数の呼び名にはさまざまな事情があります。

ひとつの地名も、言語によって読みはさまざま

漢字とカタカナで表記する

中国の地名は、漢字と現地の発音に近いカタカナを併記している。

日本の地名の英語表記は難しい

ローマ字の表記は、訓令式、ヘボン式など多種あり、バラバラ。

日本名	英語表記	解説
群馬県	Gunma Prefecture	1954年に、ヘボン式Gummaから非ヘボン式に変更。
新橋駅	Shimbashi Station	修正ヘボン式の書き方。
日比谷公園	Hibiya Park	自然地名など、固有名詞と普通名詞が一体化している。
富士山	Fujisan、Mount Fuji	いろいろな書き方がある。

内生地名と外来地名

ほかの言語の外来地名と、現地語による内生地名の例。
地名を現地の文字を使わず表す場合は、発音の表現法などの難しい問題がある。

所在国名	外来地名呼び名（言語）	内生地名呼び名（現地語言語）
ジョージア	Gruziya グルジア（ロシア語）	საქართველო サカルトヴェロ（ジョージア語）
トルコ	Turkey ターキー（英語）	Türkiye テュルキエ（トルコ語）
インド	Kolkata カルカッタ（英語）	কলকাতা コルカタ（ベンガル語）
タイ	Bangkok バンコク（英語）	กรุงเทพ クルンテープ（タイ語）
エジプト	Luxor ルクソール（英語）	الأقصر アル ウクスル（アラビア語）

豆知識　同じ場所を異なった地名で呼べば、さまざまな混乱や軋轢が生じます。そのために国連では、経済社会理事会のもと地名専門家グループ（UNGEGN）を設け、ガイドラインについて議論しています。

どこでどんな宗教が信仰されているの？

世界にはさまざまな宗教があり、その分布にも地域的な特徴があります。仏教、キリスト教、イスラム教は**世界三大宗教**と呼ばれ、これにユダヤ教とヒンドゥー教を加えて**五大宗教**ともいいます。仏教は東アジアや東南アジア、キリスト教はヨーロッパ、南北アメリカ大陸やアフリカ大陸の南部、イスラム教は中東、アフリカ北部、中央アジアや南アジアに多く分布しています。ユダヤ教を国教とするのは、ユダヤ人の人口構成比率の高いイスラエルのみです。またヒンドゥー教は特にインドに信仰する人が多い宗教です。

かつてヨーロッパ諸国の植民地であったアフリカや南アメリカの国々では、キリスト教の影響も大きく、大陸別のキリスト教信者の数では、それぞれ1位と2位です。台湾を除く東アジアでは特定の宗教に所属しない人(宗教的無所属)の比率が高いのも特徴です。日本では宗教的無所属に次いで多いのが仏教。隣り合う国や地域でも、宗教の構成が異なるのは興味深いですね。

宗教は人間の大切な心の支え

各国・地域で最も信仰者の多い宗教

人の流れとともに宗教も伝わっていく。信者の人口が最も多いのはキリスト教だが、その総数や順位は時代とともに移り変わる。

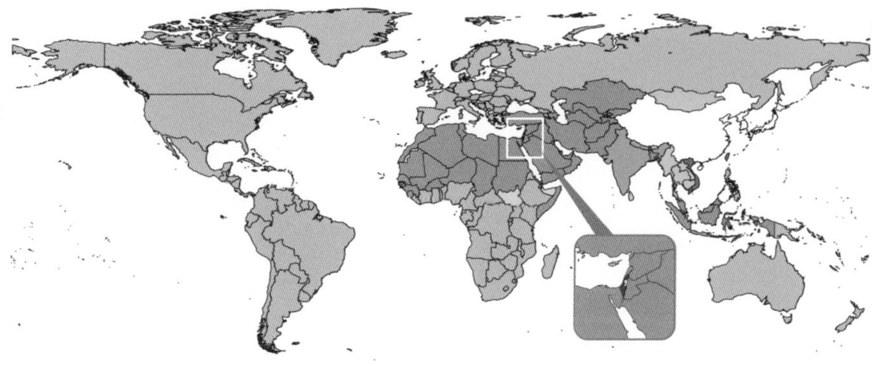

キリスト教　イスラム教　ヒンドゥー教　仏教　ユダヤ教
民間信仰　宗教的無所属　不明／データなし　※宗教的無所属はunaffiliatedの訳

ノートルダム寺院（カトリック教会）

モントリオール（カナダ）にあるカトリック教会。カナダではキリスト教信者が多く、宗派はカトリックが多い。

スルタンアフメト・モスク

イスタンブール（トルコ）にあるイスラム教のモスク。

カザンの聖母聖堂（ロシア正教・モスクワ）

ロシアでは東方教会を信仰する人が多く、八端十字と呼ばれる十字架が特徴的。

土地の守護神、霞海城隍神を祀る廟

台北（台湾）にある廟。中央に見えるのは、縁結びの神様である月下老人像。

豆知識

東アジアでいうと、韓国で信者が多いのはキリスト教と仏教。台湾では、道教を含む民間信仰と仏教が多くの信者を集めています。このように近隣の国や地域でも、信仰する宗教に違いがあるのです。

主食で地理がわかる！世界の主食MAP

日常の食事の中心になる主食。世界の主食の地域分布を見ると、地理的な要素の影響を受けていることがわかります。

日本などの温帯の東アジアや熱帯の東南アジアでは、主食は**米**。米は**小麦**と比べて降水量が多い地域で栽培されます。

西岸海洋性気候のヨーロッパでは小麦が栽培され、パンやパスタが主食です。北欧や東欧では、小麦よりも寒さなどに強い**ライ麦**が栽培されています。

メキシコでは、**トウモロコシ**粉を薄く焼いたトルティーヤが主食。コロンブスがアメリカ大陸を発見して以降、**トウモロコシやキャッサバ**はヨーロッパを経由してアフリカの一部に持ち込まれ、粉末をお湯で練ったウガリなどにして食べられています。

冷涼なアンデス山脈が原産地の**ジャガイモ**もヨーロッパに渡り、同じく冷涼な北欧や東欧などで主食のひとつになっています。

植物の生育には気候が大きく関係します。**地域ごとの気候条件に応じた作物が主食に反映**されているのです。

世界各国・地域で最もつくられている作物MAP

各国・地域の最大作付面積の作物（2020年）

中国やアメリカのトウモロコシやブラジルの大豆（マメ類）は食用よりも、飼料や燃料として使われることが多い。

ヨーロッパの広い範囲や**北アフリカ**や**アメリカ**大陸の一部では小麦が1位。パンやパスタ、クスクスなど多様なかたちで食べられている。

▲クスクスを使った料理。

ヨーロッパでは大麦を飼料として利用しているほか、粥やビールの原料にしたり、パンに入れたりする。東欧や北欧ではライ麦が原料の黒パンも主食のひとつ。

▶ビールはドイツを代表するお酒のひとつ。

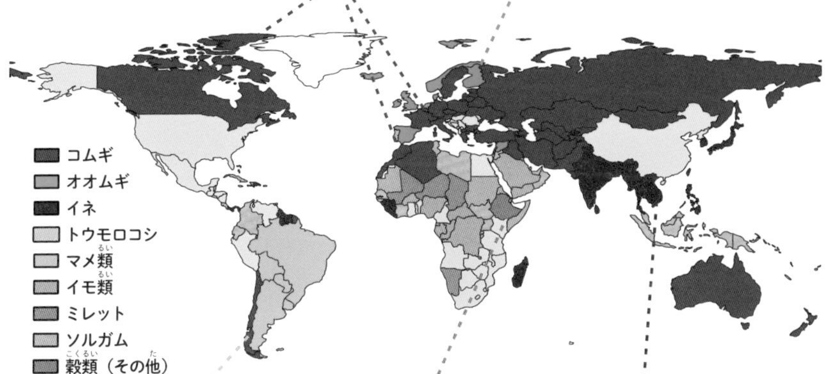

ブラジルの主食は米と煮豆。米が主食のひとつになったのは日本からの移民の影響といわれる。また大豆も日本からの移民が持ち込んだもの。

▲イモ類のキャッサバも食べられる。

植民地化を経験しなかった**エチオピア**では、プランテーションではなく、小規模農家による営農が一般的。主食のひとつであるテフと呼ばれる穀物の生産が盛ん。

▲イネ科の穀物テフは栄養価が高い。

ベトナムでは米の麺「フォー」を食べる。平らで薄い麺だが、他にも丸くて細い麺「ブン」もある。米の麺には他にビーフンなどもある。

▲ベトナムのフォー。

豆知識

乾燥、冷涼な大地で遊牧をしてきたモンゴルには、農耕文化がありませんでした。伝統的な料理は、冬季は「赤い食べ物」と呼ばれる肉料理、夏季は「白い食べ物」と呼ばれる乳製品を中心としたものでした。

「水」の違いで米のおいしさが変わる！

ヨーロッパでは、日本と同じ方法では米をおいしく炊けません。その理由は水にあります。

日本の川は距離が短く急峻で、川の水が一気に海まで流れます。対してヨーロッパの河川はなだらかな地域を長く流れていきます(左上図)。地質などの影響もあり、ヨーロッパと日本では河川の水の中に含まれる、カルシウムやマグネシウムといったミネラル分の濃度（硬度）が大きく変わります(左中図)。ミネラル分が低い水は**軟水**、高い水は**硬水**と呼ばれますが、ヨーロッパの水は硬水が多いのです。硬水だと、水中のカルシウムが米の中に水が入っていくことを邪魔するので、炊いてもパサパサの硬い炊き上がりになってしまいます。

このような特徴があるので、ヨーロッパの米料理は、スープで煮込んだり、炊き込んだりする調理法が多くなります。ヨーロッパで白米を食べたいときは、水中のミネラル成分が少ない水（軟水）を使って炊くのがおすすめです。

日本とヨーロッパ、同じ「水」なのに味が違うのはなぜ?

グラフ横軸は河口からの距離を示し、縦軸は標高を示している。日本の河川は上流から下流までの距離が短く、急峻な地形。それに対してここにあげたヨーロッパの河川は、上流は標高が高くても、その後標高の低い地域を長い距離にわたって流れていく。

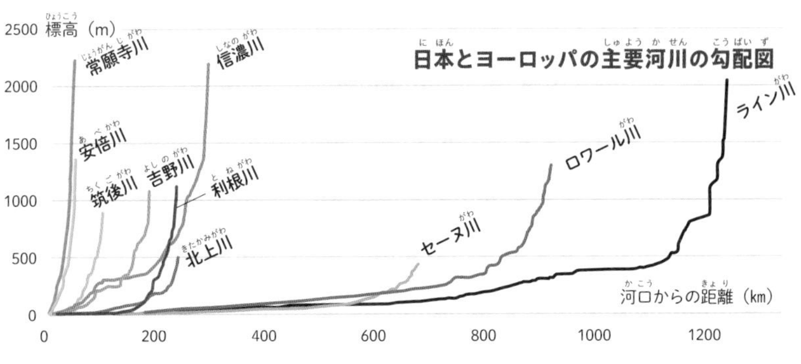

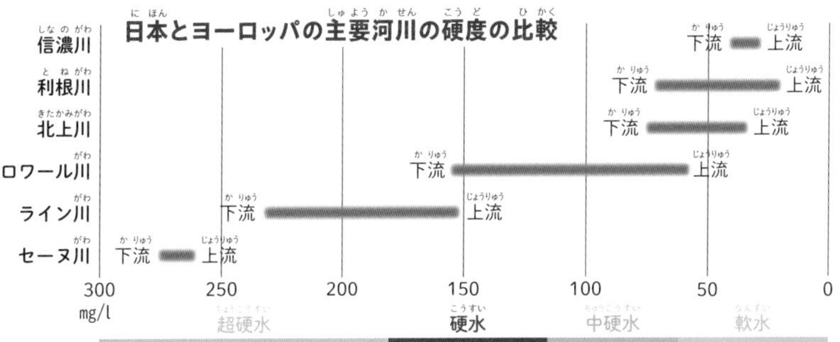

グラフの横軸は硬度を示し、左へいくほど硬度が高い。一般的に河川は下流へ行くほど硬度が高くなる。ヨーロッパの河川は日本と比べて硬度が高い。特にパリを流れるセーヌ川は石灰岩地域を流れ、硬度が高い特徴がある。また日本では飲用水として、河川水を使うことが多いのに対し、ヨーロッパでは地下水を使うことが多い。

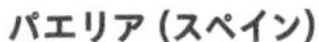

パエリア(スペイン)

リゾット(イタリア)

乾燥したままのお米をトマトソースなどで煮込んだり(パエリア、リゾット)、炊いたご飯をほかのものと混ぜ込んだり(ドルマダキア、ケージャリー)と、土地の水に合った料理法がある。

豆知識

主なコメの品種は、インディカ種(長粒種)、ジャポニカ種(短粒種)、ジャバニカ種(熱帯ジャポニカ種)。海外で日本で食べるようなご飯が食べたいときは、短粒種を探してみましょう。

じつは日本の首都は「東京」とはっきり決まっていない!?

日本の首都はどこでしょう？　じつは憲法にも法律にも**「日本の首都が東京」**とは書いていないのです。

首都は、その国や地域の中央政府が置かれている都市のこと。アメリカのワシントンD.C.、フランスのパリ、韓国のソウルなどです。世界の国の中には、首都である都市がその国の憲法や法令に明記されているものも少なくありません。

歴史を振り返ると、日本では、首都を移すときには天皇が宣言をしてきました（遷都の詔）。しかし、幕末から明治にかけて新しい政府が東京に置かれたときには、その宣言をしませんでした。代わりに、江戸を東京と改称し、そこで政務を行うと宣言しました（東京奠都）。現在では、皇居や三権の最高機関などもあり、**東京が事実上の首都**とみなされています。

イギリスも首都を明記した法令がない国。連合国家で構成する国それぞれに首都があり、イングランドの首都ロンドンがイギリスの実質的な首都になっています。

首都は首都でも、何がちがう？

国名／首都	都市機能
ドイツ連邦共和国／ベルリン	首都ベルリンには行政府、立法府が立地。最高裁はカールスルーエ、中央銀行はフランクフルトにあり、機能を分散している。
南アフリカ共和国／プレトリア	首都はプレトリアだが、機能を分散させている。行政はプレトリア、立法はケープタウン、司法はブルームフォンテーン。経済の中心ヨハネスブルクはアフリカ最大の金融センターでもある。
アメリカ合衆国／ワシントンD.C.	首都ワシントンD.C.は三権が立地。経済の中心ニューヨークは国内最大の都市であると同時に、世界的な金融センターでもある。
ベトナム社会主義共和国／ハノイ	首都は北部にあるハノイだが、経済の中心は「東洋のパリ」とも呼ばれる南部の都市ホーチミン。
ブラジル／ブラジリア	首都ブラジリアは、首都のために内陸の高原に一から開発された計画都市。1960年に遷都するまでは、大西洋沿岸のリオデジャネイロが首都だった。現在の経済の中心は、同じく大西洋沿岸のサンパウロ。
中華人民共和国／北京（ベイジン）	1949年に北平を北京と改称し、国都と宣言した。政治や文化の中心は北京だが、経済の中心は上海。

首都はその国や地域の中心的な都市で、三権（行政、立法、司法）や経済活動が集中していると考えがち。しかし世界の中には、三権や経済の中心が首都以外の都市にある国や地域もある。

PICK UP イギリスの成り立ちと首都

イギリスの正式名称は「グレートブリテン及び北アイルランド連合王国」で、主に右の4つの地域からなる。まず1536年にウェールズがイングランドに併合された。1707年にイングランド王国とスコットランド王国が合併してグレートブリテン連合王国が誕生。およそ100年後の1801年にはこのグレートブリテン連合王国とアイルランド王国が合併してグレートブリテン及びアイルランド連合王国になった。1922年には北アイルランドを残してアイルランドが独立し、現在の国名になった。

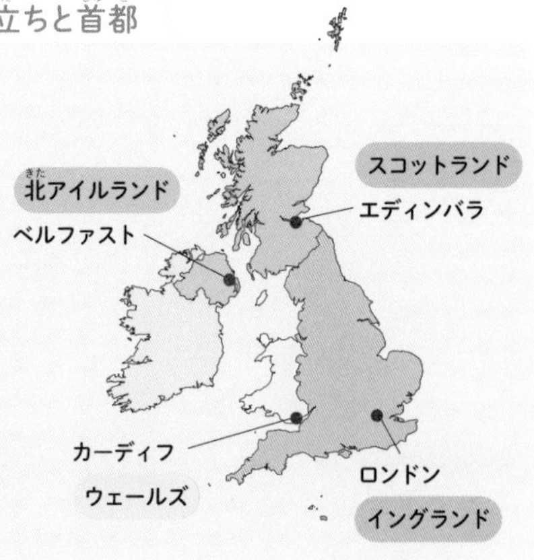

豆知識　1929年に国家として承認されたバチカン市国、1861年に主権を回復したモナコ公国、1965年に独立したシンガポール共和国は、国家そのものが1都市です。こういった国を「都市国家」といいます。

シンガポールの最大の悩みは「水不足」!

シンガポールの象徴のひとつは、口から勢いよく水を出すマーライオン。じつい水が豊富なのかと連想しますが、じつは水不足に悩まされているのです。

シンガポールは、東京23区よりやや広い面積約720㎢の島。ここに約570万人の人が密集して住んでいて、周囲を海に囲まれています。海水は塩分が多く、生活用水として使えません。マレー半島から離れているため、マレー半島の川から直接水を供給することもできません。

1965年、シンガポールがマレーシアから分離独立した後、政府は水不足対策として4つの施策を行いました。①海水の淡水化、②下水の再利用、③マレーシアからの水の輸入、④雨水を貯水池で貯めること。①、②は自国で淡水をつくれますが、高い生産コストがかかります。③、④は相手国との関係や自然の事情から、供給が不安定になるかもしれません。そこで政府はこれらの政策を組み合わせることで、**安定した淡水の供給**を目指しているのです。

深刻な水事情、マーライオンも悲鳴!?

シンガポールの象徴「マーライオン」

シンガポールと周りの国々の人口あたりの利用可能な国内淡水資源量

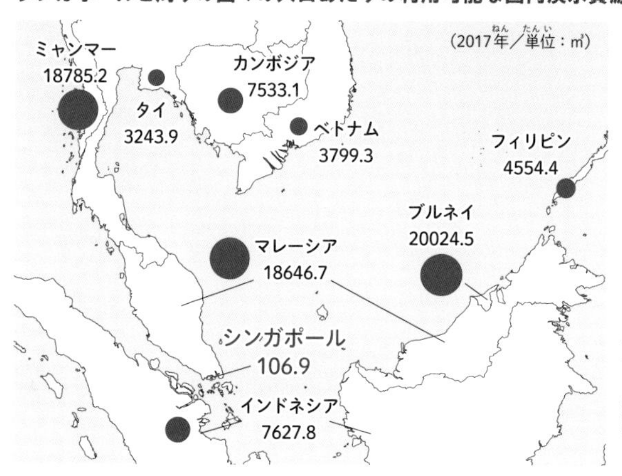

周りの国と比べると大きな差がある！

周りの国々と比較してみると、シンガポールの利用可能な水資源の量の少なさがよくわかる。

シンガポールの人口と
1人あたりの利用可能な国内淡水資源量の経年変化

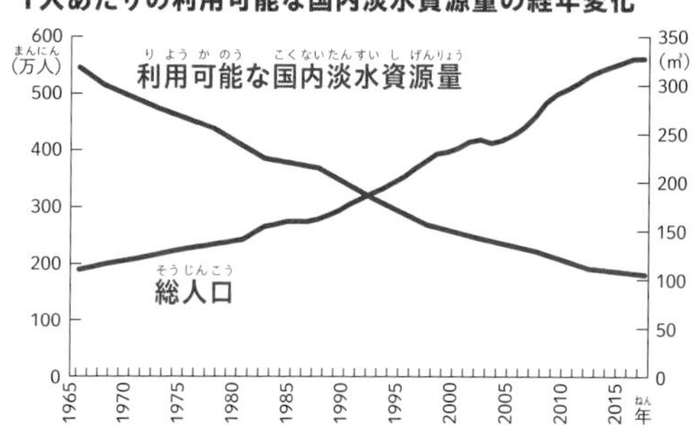

※利用可能な国内淡水資源量はRenewable internal freshwater resourcesの訳

人が増えれば増えるほど水が足りなくなっていくね

人口増加に伴って、1人あたりの利用可能な国内淡水資源量が減っているのがわかる。水資源の確保はいまもシンガポールの重要な問題。

豆知識

マーライオンの像があるマリーナベイは海ではなく、堰止湖。いろいろなマリンスポーツを楽しめますが、水は海水ではなく淡水です。淡水をなるべく多く確保したいシンガポール政府の努力が感じられます。

温室効果ガスの排出が少ない北極で温暖化が進むワケ

最近、地球上の気温が上昇しているといわれますが、その上昇率は地域で異なり、北極をはじめとした高緯度で特に高くなっています。この地域には人が少なく人為的なCO_2排出も少ないはずなのになぜなのでしょうか？

雪や氷は、太陽光の多くを反射します。太陽光が反射されると、地面に吸収される太陽光が減って、地表付近の気温はあまり上がりません。

気温が上昇し雪や氷が融けると、地面や海面が現れます。茶色の地面や青い海面は太陽光を吸収しやすいので温度が上がり、その結果、気温上昇が加速されるのです。

北半球の高緯度では温暖化によって氷や雪が溶け、さらに温暖化が加速するという悪循環が起きていると考えられます。

高緯度地域の温暖化は、ホッキョクグマやアザラシなどの生息に大きな影響を及ぼします。このように、温室効果ガス排出源（大都市や工場）ではない場所で温暖化の影響が大きく表れることがあるのです。

温暖化の現実とメカニズムを知ろう！

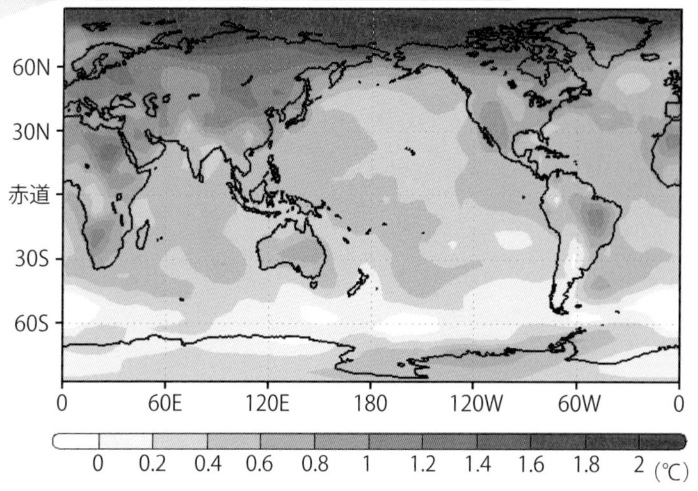

北半球の高緯度地域で強く出る温暖化の影響

1991 ～ 2020年と1961 ～ 1990年のそれぞれ30年間の平均気温の差を示している。北半球の高緯度地域で、特に大きな気温上昇が見られる。

雪や氷が融けると温暖化が加速する！

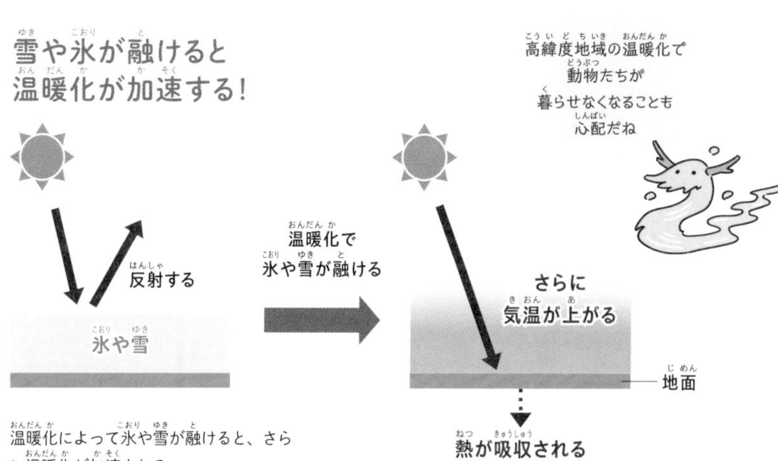

温暖化によって氷や雪が融けると、さらに温暖化が加速される

豆知識

南極の地表付近の気温上昇は北極圏ほど大きくありませんが、この先、南極の氷河の融解（融けだすこと）が進むと海面上昇のリスクが大きくなると考えられています。

未来の世界の人口を考えてみよう

1950年に25億人だった世界の人口は、2022年に80億人。2030年には85億人、2050年には97億人にもなると予想されています。18世紀以降の世界人口の爆発的な増加の要因は、18世紀半ばから19世紀の欧米先進国で起きた産業革命や、近代以降の発展途上国での医療技術の向上によると説明されています。

各国・地域の人口の推移は、出生数と死亡数の差（自然増減）と、流入数と流出数の差（社会増減）で決まります。自然増減は、医療の進歩で増加傾向、社会増減は移民政策が影響しています。

男女それぞれの人口を縦軸に年齢、横軸にその年齢の人口比率を表したグラフを人口ピラミッドといい、その集団での人口構成をひと目で理解することができます。ナイジェリアのような富士山型の人口ピラミッドの国は子どもの数が多いので、今後ますます人口増加が見込まれますが、日本のような少子高齢化の人口ピラミッドでは、人口増加は期待できないのです。

世界の人口の過去と未来を知ろう！

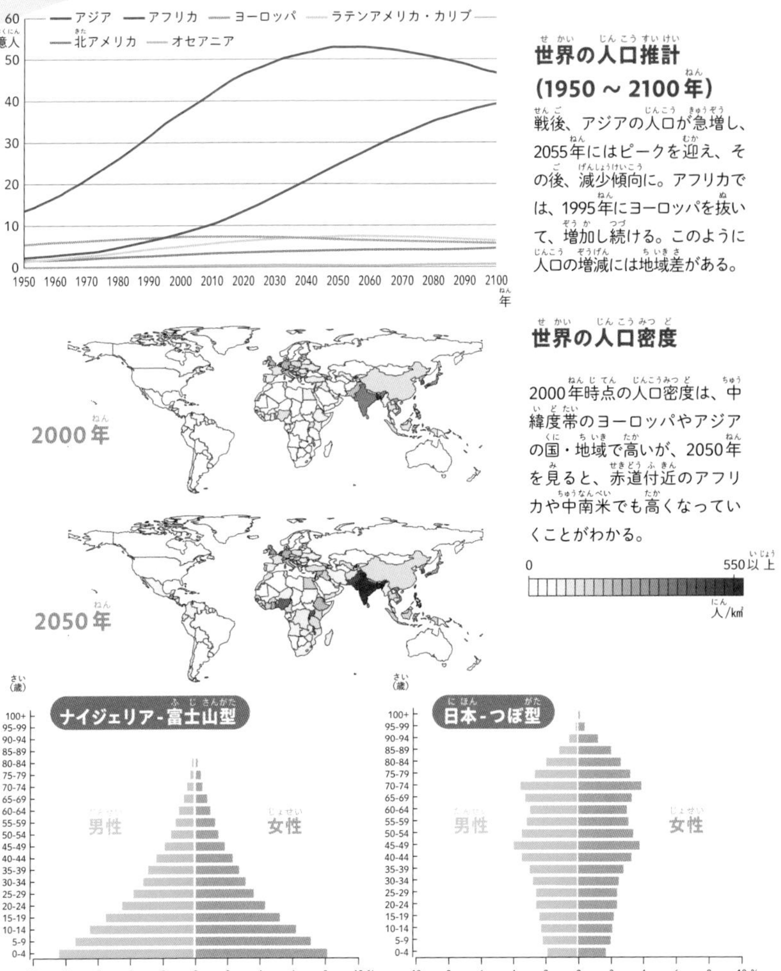

世界の人口推計 (1950 ～ 2100年)

戦後、アジアの人口が急増し、2055年にはピークを迎え、その後、減少傾向に。アフリカでは、1995年にヨーロッパを抜いて、増加し続ける。このように人口の増減には地域差がある。

世界の人口密度

2000年時点の人口密度は、中緯度帯のヨーロッパやアジアの国・地域で高いが、2050年を見ると、赤道付近のアフリカや中南米でも高くなっていくことがわかる。

ナイジェリアと日本の人口ピラミッド (2020年)

ナイジェリアの人口ピラミッドは富士山型と呼ばれる「多産多死」の形状。出生数は多いが、乳幼児期の死亡率が高い。社会が成熟すると「多産少死」を経て「少産少死」で人口が安定・停滞する釣鐘型へとかたちを変え、最終的には日本のような「少産多死」のつぼ型に変わると予想される。

豆知識

日本の65歳以上人口は、1950年には総人口の5%未満でしたが、1970年に7%、2020年には28.7%に達しました。2050年には37.7%に上昇すると推計され、日本人の3人に1人以上が高齢者になる予想です。

地理にまつわるなんでもランキング

ランキングから地域の特徴を見てみよう！

高い山（日本）

国土地理院「日本の山岳標高一覧－1003山－」

順位	山名	都道府県	高さ（m）
1	剣ヶ峰（富士山）	山梨県・静岡県	3,776
2	北岳（白根山）	山梨県	3,193
3	間ノ岳（白根山）	山梨県・静岡県	3,190
3	奥穂高岳	長野県・岐阜県	3,190
5	槍ヶ岳	長野県	3,180

MEMO　剣ヶ峰は富士山に８つある峰の最高峰。ちなみに山頂付近は富士山本宮浅間大社境内で、山梨県でも静岡県でもありません。

高い山（世界）

総務省統計局「世界の統計2022」

順位	山名	国・地域	高さ（m）
1	エベレスト（チョモランマ、サガルマータ）	中国・ネパール	8,848
2	ゴッドウィンオースティン（K2）	（カシミール・シンチャン）	8,611
3	カンチェンジュンガ	インド・ネパール	8,586
4	ローツェ	中国・ネパール	8,516
5	マカルウ	中国・ネパール	8,463

MEMO　ベスト10のうち、２位のゴッドウィンオースティン以外はすべてヒマラヤ山地にある山です。

長い川（日本）

総務省統計局「日本統計年鑑　令和５年」

順位	河川名	幹川の通る都道府県	長さ（km）
1	信濃川（千曲川）	長野県・新潟県	367
2	利根川	群馬県・埼玉県・茨城県・千葉県	322
3	石狩川	北海道	268
4	天塩川	北海道	256
5	北上川	岩手県・宮城県	249

MEMO　信濃川は上流の長野県（信濃国）では千曲川と呼ばれています。途中で呼び名が変わるんですね。

長い川（世界）

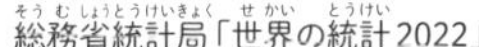

総務省統計局「世界の統計2022」

順位	河川名	河口のある国・地域	長さ（km）
1	ナイル川	エジプト	6,695
2	アマゾン川	ブラジル	6,516
3	長江（揚子江）	中国	6,380
4	ミシシッピ・ミズーリ	アメリカ合衆国	5,969
5	オビ・イルチシ川	ロシア	5,568

MEMO 川の長さは源流～河口で測ります。アマゾン川の源流は未確定で、全長7,000kmにのぼるという説もあります。

広い湖（日本）

国土地理院「令和５年全国都道府県市区町村別面積調」

順位	河川名	都道府県	面積（km²）
1	琵琶湖	滋賀県	669
2	霞ケ浦	茨城県	168
3	サロマ湖	北海道	152
4	猪苗代湖	福島県	103
5	中海	鳥取県・島根県	86

MEMO 日本で一番深い湖は秋田県にある田沢湖（カルデラ湖）。最大水深は423mで、湖面の標高が249mだから湖底の標高は－174m！

広い湖（世界）

国立天文台「理科年表2022」

順位	河川名	国・地域	面積（km²）
1	カスピ海	ロシア・アゼルバイジャン・イラン・トルクメニスタン・カザフスタン	374,000
2	スペリオル湖	アメリカ合衆国・カナダ	82,367
3	ビクトリア湖	ケニア・ウガンダ・タンザニア	68,800
4	アラル海	カザフスタン・ウズベキスタン	64,100
5	ヒューロン湖	アメリカ合衆国・カナダ	59,570

MEMO カスピ海の面積は、なんと日本の国土面積（約37.8万km²）とほぼ同じ大きさです。

面積の広い都道府県

順位	都道府県名	面積（㎢）
1	北海道	83,422
2	岩手県	15,275
3	福島県	13,784
4	長野県	13,562
5	新潟県	12,584

MEMO
北海道の面積は日本の国土面積のおよそ22%を占めます。広い土地を活かした農業も盛んです。

国土地理院「令和5年全国都道府県市区町村別面積調」

面積の狭い都道府県

順位	都道府県名	面積（㎢）
1	香川県	1,877
2	大阪府	1,905
3	東京都	2,200
4	沖縄県	2,282
5	神奈川県	2,416

MEMO
香川県の面積は北海道の約1/44.5です。

国土地理院「令和5年全国都道府県市区町村別面積調」

面積の広い国・地域

順位	国・地域名	面積（㎢）
1	ロシア	17,098,246
2	カナダ	9,984,670
3	アメリカ合衆国	9,833,517
4	中国	9,600,000
5	ブラジル	8,515,767

MEMO
日本の国土面積は377,973㎢で、61位。ちなみに本州は世界で7番目に大きな島です。

総務省統計局「世界の統計2022」

面積の狭い国・地域

順位	国・地域名	面積（㎢）
1	バチカン	0.44
2	モナコ	2
3	ナウル	21
4	ツバル	26
5	サンマリノ	61

MEMO
バチカンの面積は0.44㎢。東京ドーム10個分ほどの広さしかありません。

総務省統計局「世界の統計2022」

人口の多い都道府県

順位	都道府県名	人口（人）
1	東京都	14,047,594
2	神奈川県	9,237,337
3	大阪府	8,837,685
4	愛知県	7,542,415
5	埼玉県	7,344,765

MEMO
東京都は人口密度も全国1位。トップ5の県はいずれも人口密度が高くなっています。

総務省統計局「令和2年度国勢調査」

人口の多い国・地域

順位	国・地域名	人口（千人）
1	中国	1,439,324
2	インド	1,380,004
3	アメリカ合衆国	331,003
4	インドネシア	273,524
5	パキスタン	220,892

MEMO

日本の順位は11位。世界の人口は2022年に80億人に達しました。

総務省統計局「世界の統計2022」

米の収穫量が多い都道府県

順位	都道府県名	収穫量（t）
1	新潟県	631,000
2	北海道	553,200
3	秋田県	456,500
4	山形県	365,300
5	宮城県	326,500

MEMO

ランキング上位は北海道・東北地方に集中しています。

農林水産省「作物統計調査 令和４年産水陸稲の収穫量」

漁業漁獲量が多い都道府県

順位	都道府県名	漁獲量（t）
1	北海道	910,347
2	茨城県	299,686
3	静岡県	249,515
4	長崎県	297,359
5	宮城県	184,316

MEMO

カツオの1位は静岡県、イワシの1位は茨城県など、魚の種類によって順位は変わります。

農林水産省「令和３年漁業・養殖業生産統計」

畜産出荷額が多い都道府県

順位	都道府県名	出荷額（億円）
1	北海道	7,652
2	鹿児島県	3,329
3	宮崎県	2,308
4	岩手県	1,701
5	熊本県	1,318

MEMO

牛乳は北海道、鶏卵は茨城県、鶏肉は宮崎県、豚肉・牛肉は鹿児島県が第１位。

農林水産省「令和３年生産農業所得統計」

製造品出荷額が多い都道府県

順位	都道府県名	出荷額（億円）
1	愛知県	479,244
2	神奈川県	177,461
3	静岡県	171,540
4	大阪府	169,384
5	兵庫県	162,633

MEMO

三大工業地帯（京浜、中京、阪神）にある都道府県が上位を占めています。

経済産業省「2020年工業統計表 地域別統計表」（集計の対象は従業員４人以上の事業所）

おわりに

地理の冒険、いかがでしたか？
ここで、地理の分野についての話をしましょう。地理には大きく分けて、「系統地理」と「地誌」という分野があります。系統地理では、自然地理（地形、気候、水文、植生、土壌など）と人文地理（人口、交通、都市、工業、農業など）といった、要素ごとに現象を分析します。一方で地誌は、ある地域に注目して、その地域の自然環境や人間生活がどうなっているのかをすべての系統地理の分野から見て、その地域の特徴を示します。この2つの見方を縦軸と横軸のように使うことで、地球上で起こっているあらゆる現象を理解・整理することができます。

もっと地理を知りたい人のために…

参考図書

- 水野一晴(2021)『自然のしくみがわかる地理学入門』角川ソフィア文庫
- 水野一晴(2022)『人間の営みがわかる地理学入門』角川ソフィア文庫
- 重永瞬(2022)『統計から読み解く色分け日本地図』彩図社
- 漆原和子他(編)(2022)『図説　世界の地域問題100』ナカニシヤ出版
- 山崎晴雄・久保純子(2017)『日本列島100万年史 大地に刻まれた壮大な物語』講談社ブルーバックス

地理のおもしろいところは、系統地理のあらゆる分野がそれぞれに関係しあっているところにあります。地形が影響して気候や植生が変わる、それに人間生活の交通や食文化などが影響を受けている、といったことです。

この本ではトピックごとに完結した書き方をしていますが、じつはトピック同士もつながりを持っている場合があります。その関係をバス路線に見立てたのが上の図です。この図から、いろいろな要素が絡み合っていることをより理解できるでしょう。そして地理のおもしろさを少しでも感じてもらえたなら、私たちも嬉しく思います。

日本地理学会

参考文献・ウェブサイト

- 田代博（2003）富士山の見え方に拘る―見える限界の場所とダイヤモンド富士―．地質ニュース590: 67-72
- 国土地理院「基盤地図情報数値標高モデル（10mメッシュ）」
- 国土地理院「『電子国土基本図（地名情報）「居住地名」』」
- 塩出徳成・塩出志乃（2021）ジョン・スノウのコレラ地図．都市計画351: 4
- On the Mode of Communication of Cholera（2nd ed.）Snow J.（John Churchill）
- 国土地理院ウェブページ→https://www.gsi.go.jp/
- 国土地理院「空中写真CHO200916X-C10-15」
- 国土地理院資料「日本列島の地殻変動」→https://www.gsi.go.jp/kanshi/
- 『世界と日本の地理の謎を解く』水野一晴（PHP出版）
- 『理科年表』（各年版）国立天文台編（丸善出版）
- 国土地理院「空中写真・衛星画像＿全国最新写真（シームレス）」
- 気象庁「メッシュ平年値2020」
- 国土地理院「地理院地図」→https://maps.gsi.go.jp/
- 屋久島町「屋久島＆口永良部島ガイド」→http://www.town.yakushima.kagoshima.jp/yakushima-book
- 屋久杉自然館「屋久島の森林／垂直分布」→http://www.yakusugi-museum.com/data-yakushima-yakusugi/205-suityokubunpu.html
- 『わたしたちの地理総合』井田仁康（二宮書店）
- 高原宏明・松本淳（2002）屋久島の降水量分布に関する気候学的研究．地学雑誌111：726-746
- 三上岳彦・大和広明・広域METROS研究会（2011）広域METROSによる首都圏高密度気温観測とその都市気候学的意義．地学雑誌120：317-324
- 気象庁「ヒートアイランド現象の要因は何ですか？」→https://www.data.jma.go.jp/cpdinfo/himr_faq/02/qa.html
- 『魚附林の地球環境学 親潮・オホーツク海を育むアムール川』白岩孝行（昭和堂）
- 『地理学基礎シリーズ２自然地理学概論』高橋日出男・小泉武栄編著（朝倉書店）
- 福井幸太郎・飯田肇（2012）飛騨山脈、立山・劔山域の３つの多年性雪渓の氷厚と流動―日本に現存する氷河について．雪氷74:213-222
- 『琵琶湖は呼吸する』熊谷道夫・浜端悦治・奥田 昇（海鳴社）
- 『移動する湖、琵琶湖 琵琶湖の生い立ちと未来』横山卓雄（法政出版）
- 『日本鉄道旅行地図帳―全線・全駅・全廃線―５号・東京』今尾恵介監修（新潮社）
- 国土地理院「基盤地図情報数値標高モデル（5mメッシュ）」
- 『港の日本史』吉田秀樹・歴史みなと研究会（祥伝社）
- ArcGISHub「令制国の地図（立岡裕士）」→https://hub.arcgis.com/datasets/ej::%E4%BB%A4%E5%88%B6%E5%9B%BD%E3%81%AE%E5%9C%B0%E5%9B%B3/about
- 佐竹明（2015）北前船が寄る―瀬戸内の航路と港町―．瀬戸内海 70:14
- 鈴木晃志郎・于燕楠（2020）怪異の類型と分布の時代変化に関する定量的分析の試み．E-journal GEO15: 55-73→https://doi.org/10.4157/ejgeo.15.55
- 国土交通省「国土数値情報（平成28年度土地利用細分メッシュ）」
- 今昔マップ→https://ktgis.net/kjmapw/
- 明治44年発行2万分の1旧版地図 「富山」，「下大久保」
- 平成13年発行2万5千分の1旧版地図 「富山」，「上市」，「速星」，「五百石」
- 『方言の日本地図 - ことばの旅』真田真治（講談社）
- 木部暢子（2011）方言の多様性から見る日本語の将来―標準語ばかりでよいのか―．学術の動向16(5): 108-112
- 『日本の方言地図』徳川宗賢（中公新書）
- 国立国語研究所（1972）218かえる．『日本言語地図第５集』
- 『日本各地食べもの地図資料編』帝国書院編集部（帝国書院）
- 『民俗小事典　食』新谷尚紀・関沢まゆみ（吉川弘文館）
- 高橋洋子・粟津原宏子・小谷スミ子（2006）新潟・長野・富山県における鮭と鰤に関する食文化的考察―漁獲・加工・流通および消費の変遷から―．日本調理科学会誌 39：310-319
- 『甲州食べもの紀行―山国の豊かな食文化―』山梨県立博物館編（山梨県立博物館）
- 『鹽および魚の移入路：鉄道開通以前の内陸交通』田中啓爾（古今書院）
- 『北前船の近代史（2訂増補版）』中西聡（成山堂書店）
- 『日本の港湾政策―歴史と背景』黒田勝彦編著（成山堂書店）
- 農林水産省「小麦の自給率」→https://www.maff.go.jp/j/zyukyu/zikyu_ritu/ohanasi01/01-11.html
- 食べログ→https://tabelog.com/
- 東京都中央卸売市場「市場統計情報（令和３年）」
- 農林水産省「野菜の自給率」→ https://www.maff.go.jp/j/zyukyu/zikyu_ritu/ohanasi01/01-05.html
- 石灰石鉱業協会→https://www.limestone.gr.jp/
- 一般社団法人セメント協会→https://www.jcassoc.or.jp/
- 塩川亮（1982年）わが国のセメントの流通構造．経済地理学年報28：199-136
- 国土交通省国土技術政策総合研究所『国土技術政策総合研究所資料第815号　筑波研究学園都市の現状と諸課題にみる都市形成過程上の問題』
- 日本経済新聞社『つくばエクスプレスがやってくる』
- なつかし・いばらき『未来をひらく都市―筑波研究学園都市―』→https://youtu.be/H8GEAPcXHVY
- サイエンスポータル「『地層に刻まれた声を聴け』チバニアン決定、実ったグループの格闘≪特集　令和２年版科学技術白書≫」→https://scienceportal.jst.go.jp/gateway/sciencewindow/20200903_w01/
- 市原市「チバニアン誕生」→https://www.city.ichihara.chiba.jp/article?articleId=61004714de0c5f03dc0b5314
- 国立研究開発法人海洋研究開発機構「鬼界カルデラ総合調査　鬼界カルデラとは？」→ https://www.

CLASSIFICATION→ http://koeppen-geiger.vu-wien.ac.at/shifts.htm
- FRANZ RUBEL and MARKUS KOTTEK(2010) Observed and projected climate shifts 1901-2100 depicted by world maps of the Köppen-Geiger climate classification. Meteorologische Zeitschrift 19:135-141 doi: 10.1127/0941-2948/2010/0430.
- Quaternary Glaciations - Extent and Chronology: A closer look Digital Maps(15): J. Ehlers, P.L. Gibbard, Philip D. Hughes (Elsevier)
- Natural Earth→https://www.naturalearthdata.com/
- Pew Research Center "Religious Composition by Country, 2010-2050"→https://www.pewresearch.org/religion/interactives/religious-composition-by-country-2010-2050/
- NOAA ETOPO1
- Food and Agriculture Organization of the United Nations "FAOSTAT 2020"→https://www.fao.org/faostat
- 那須（中島）民江・村山忍三（1985）長野県下の河川水および水道水の水質調査─河川水，水道水のカルシウム，マグネシウム，鉄，亜鉛濃度─．信州大学環境科学論集7: 47-55
- GEMStat→https://gemstat.bafg.de/applications/public.html?publicuser=PublicUser
- THE WORLD BANK "Renewable internal freshwater resources per capita (cubic meters)"→https://data.worldbank.org/indicator/ER.H2O.INTR.PC
- University of East Anglia "HadCRUT5 Analysis"→https://crudata.uea.ac.uk/cru/data/temperature/
- Population Division(Department of Economic and Social Affairs, United Nation) "World Population Prospects 2022"→https://population.un.org/wpp/

その他、各年の国勢調査、経済センサス、気象庁データ、作物統計、各自治体の史誌、調査報告書、関連書籍など

写真・図版提供

地理院地図（P11・P19・P27、いずれも引用）、地理×女子（P11）、国土地理院ウェブサイト（P17・P19・P21・P27、いずれも引用）、地理院地図Vector（P25、引用）那智勝浦町（P35）、Landsat8画像GSI,TSIC,GEO Grid/AIST（P47･P55、いずれも引用）、国土地理院「空中写真CKT931X-C8-23」（P55、引用）、NPO法人森は海の恋人（P71）、滋賀県立琵琶湖博物館（P75）、熊谷道夫（P75）、長野県長野市（P79）、神奈川県鎌倉市HP(P79)、有珠山火山防災協議会(P79)、国土地理院「空中写真CCG20051X-C21-46」／国土地理院「空中写真CCG20162X-C6-7」(P91、引用)、株式会社お雑煮やさん（P97）、農林水産省ウェブサイト（P103）、宍倉正展（P115）、近畿中国森林管理局（P125）、国立公文書館デジタルアーカイブ「東韃地方紀行　中巻」(P131)、国土地理院「空中写真CSI-756-C6A-47」／国土地理院「空中写真CSI02010-C7-25」(P137、引用)、『高等地図帳』二宮書店編集部編（二宮書店）(P151)、Pixta

jamstec.go.jp/rimg/j/research/kikaicaldera/
- 『新編 火山灰アトラス─日本列島とその周辺』町田洋・新井房夫（東京大学出版会）
- 国土地理院『火山土地条件図「阿蘇山」』
- 『南九州に栄えた縄文文化─上野原遺跡』新東晃一（新泉社）
- 稲崎富士・太田陽子・丸山茂徳（2014）400 年を越えて続いた日本史上最大最長の土木事業─ 関東平野における河川改修事業を規制したテクトニックな制約─．地学雑誌 123: 401-433
- 『中国地名学史考論』華林甫（社会科学文献出版社）
- Landsat8画像GSI,TSIC,GEO Grid/AIST
- 岩崎亘典「明治時代初期土地利用・被覆デジタルデータベース」→https://github.com/wata909/habs_test
- 経済産業省「工業統計調査2020品目編」→https://www.meti.go.jp/statistics/tyo/kougyo/result-2/r02/kakuho/hinmoku/index.html
- 静岡浅間神社「御由緒」→http://www.shizuokasengen.net/yuisho.html
- さいたま市（2016）「岩槻の人形」『楽楽楽（ららら）さいたま』10：18-19
- 岩槻人形共同組合「岩槻について・人形について」→https://www.doll.or.jp/iwatsuki_doll/
- 静岡市「駿河雛人形」→https://www.city.shizuoka.lg.jp/000_004105_00001.html
- 静岡市「駿河雛具」→https://www.city.shizuoka.lg.jp/000_004105.html
- 山梨県「美しき伝統織物『甲斐絹』」→https://www.pref.yamanashi.jp/miryoku/waza/orimono/index.html
- 岡山県産業労働部産業振興課『岡山県の繊維産業』
- 山本健太（2011）静岡におけるプラモデル産業の分業構造と集積メカニズム．経済地理学年報 57:203-220
- 群地図研究会「郡地図 ver 2.0」→https://booth.pm/ja/items/3053727
- 国土地理院「地球地図日本」→https://www.gsi.go.jp/kankyochiri/gm_jpn.html
- 中川浩一（1968）明治期における日本地誌の学習方式と地域区分．社会科教育研究 27: 35-42
- 米地文夫・細井計・藤原隆男・今泉芳邦・菅野文夫（1995）社会科教育と地域・地名「奥羽」と「東北」の歴史的変遷を例に 岩手大学教育学部附属教育実践研究指導センター研究紀要 5: 63-80
- 『「日本」とは何か 日本の歴史00』網野善彦（講談社学術文庫）
- 大正元年発行2万分の1旧版地図 「京都北部」，「京都南部」
- Diercke Weltatlas2015（Westermann Schulbuch）
- Techtonicplates by Hugo Ahlenius, Peter Bird, and Nordpil
- 地震調査研究推進本部「地震がわかる！」→https://www.jishin.go.jp/main/pamphlet/wakaru_shiryo2/index.htm
- GEBCO Compilation　Group (2022) GEBCO 2022 Grid　doi:10.5285/e0f0bb80-ab44-2739-e053-6c86abc0289c
- WORLD MAPS OF KÖPPEN-GEIGER CLIMATE

 出典は掲載順に並べています。複数回掲載されている場合は初回掲載時のみ紹介しています。

あ

か

さ

地理がわかれば世界がわかる!

すごすぎる地理の図鑑

2023年5月18日　初版発行
2024年6月30日　5版発行

監　修　日本地理学会

編　著　山本 健太
　　　　長谷川 直子

執　筆　宇根 寛
　　　　平野 淳平
　　　　矢野 桂司
　　　　秋山 千亜紀
　　　　宋 苑瑞

発行者　山下　直久

発　行　株式会社KADOKAWA
　　　　〒102-8177　東京都千代田区富士見2-13-3
　　　　電話0570-002-301（ナビダイヤル）

印刷所　大日本印刷株式会社

製本所　大日本印刷株式会社

●お問い合わせ
https://www.kadokawa.co.jp/（「お問い合わせ」へお進みください）
※内容によっては、お答えできない場合があります。
※サポートは日本国内のみとさせていただきます。
※Japanese text only

定価はカバーに表示してあります。

ISBN 978-4-04-606004-4　C0044